绘长安

大唐生活志

陆曼陀 ——— 绘

郑 墨 ——— 著

清華大学 出版社

北京

图书在版编目（CIP）数据

绘长安：大唐生活志 / 陆曼陀绘；郑墨著. — 北京：清华大学出版社，2023.7（2023.10重印）
ISBN 978-7-302-64190-2

Ⅰ.①绘…　Ⅱ.①陆…②郑…　Ⅲ.①中国历史—唐代—儿童读物　Ⅳ.①K242.09

中国国家版本馆CIP数据核字(2023)第136622号

责任编辑： 刘一琳
装帧设计： 道　辙 @Compus Studio　刘一琳　陈国熙
责任校对： 赵丽敏
责任印制： 杨　艳

出版发行： 清华大学出版社
　　　　　　网　　　址：http://www.tup.com.cn，http://www.wqbook.com
　　　　　　地　　　址：北京清华大学学研大厦 A 座　　　　　　邮　编：100084
　　　　　　社 总 机：010-83470000　　　　　　　　　　　　邮　购：010-62786544
　　　　　　投稿与读者服务：010-62776969，c-service@tup.tsinghua.edu.cn
　　　　　　质量反馈：010-62772015，zhiliang@tup.tsinghua.edu.cn
印 装 者： 北京盛通印刷股份有限公司
经　　销： 全国新华书店
开　　本： 285mm×170mm　　　　　　　**印　张：** 13.2　　　　　　**字　数：** 242 千字
版　　次： 2023 年 9 月第 1 版　　　　　　　　　　　　　　　　**印　次：** 2023 年 10 月第 2 次印刷
定　　价： 149.00 元

产品编号：094234-02

前言

云蒸热风，树蝉高鸣，《绘长安：大唐生活志》成书于这年的暮夏时节。

唐朝，无疑是我国历史长河中一颗璀璨的明珠，也是丝路史上不可略过的重要篇章。从李渊定都长安，到哀帝禅位，289年的春秋岁月，承载了无数浪漫瑰丽的想象，更是为后人留下了难以计量的文化遗产。颓垣上的壁画残片，黄土中的珠璎宝函，以及流传至今仍然熠熠生辉的浩繁文献和诗歌，无一不静静诉说着唐王朝曾经的辉煌。

生活，市井烟火也，这个主题庞大而琐碎，但不离衣、食、住、行。本书以此为基础，划分了七大版块，分别是盛世、装束、珍馐、闲居、游乐、节庆、乐舞。这七个版块虽无法将唐人的生活内容描述得十分详尽，但在有限的篇幅中，尽可能兼顾了唐朝的政治、经济和文化面貌。"盛世"作为总起，简要介绍唐朝社会生活中首都、商业、工艺等六个方面，接下来则是对衣食住行的细分，独具一格的服饰，影响深远的饮食，丰富多彩的娱乐，都是唐朝物质文明中不可忽视的内容，彰显着唐人美学体系和人生观。

同时，聚焦于人，人是生活的主体，人的社会活动推动着历史前进。从击钟鼎食的皇室贵胄到辛勤劳作的平民百姓，从土生的唐人到异域的外族，庞大的人群按自己的方式忙碌地生活在这片土地上。展现了软红十丈的人间，组成了独一无二的伟大王朝，也成就了丝绸之路上的东方奇观。

艺术，多少是抒情的。作为一名画者兼丝路学爱好者，我对唐朝的感情远胜于其他王朝。大唐像一座桥梁，连接了东方和西方，二者文化交融，逐渐你中有我，我中有你。唐朝也成了我们的乡愁和情结。见微知著，从唐人遗存的生活碎片中，今人可以窥见他们对生活的热忱，那一朵朵重见天日、千年不凋的宝相花，仿佛时刻牵引着我们的灵魂，将我们带往遥远的精神故乡。

　　本书以现存史料为基础，结合作者对资料缺失部分的主观想象，尽可能地呈现一个真实但又不乏浪漫的大唐王朝。

　　谨将此书献给所有支持我的亲友和热爱传统文化及丝路学的读者。

陆曼陀
2023年暮夏时节

目录

盛世

长安大道连狭斜，青牛白马七香车。

玉辇纵横过主第，金鞭络绎向侯家。

——《长安古意》卢照邻

长安回望绣成堆
参考自长安里坊平面图以及
西安博物院复原沙盘模型

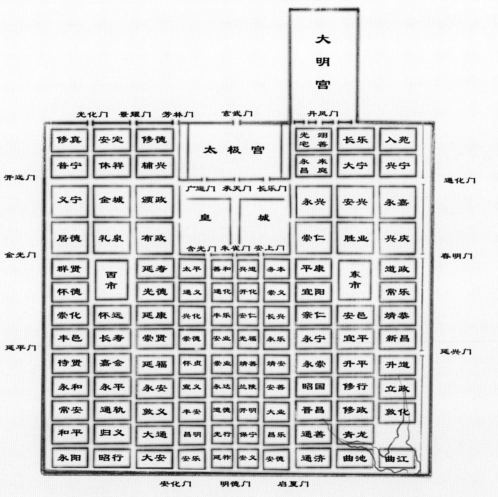

唐长安城里坊示意图

大明宫

太极宫

皇城

光化门　景耀门　芳林门　玄武门　升凤门

开远门

金光门

延平门

安化门　明德门　启夏门

通化门

春明门

延兴门

修真　安定　修德
普宁　休祥　辅兴
义宁　金城　颁政
居德　礼泉　布政
群贤　西市　延寿　太平　善和　兴道　多本
怀德　　　光德　通义　通化　开化　崇义
崇化　怀远　延康　兴化　丰乐　安仁　长兴
丰邑　长寿　崇贤　崇德　安业　光福　永乐
博贤　嘉会　延福　怀贞　崇业　靖善　靖安
永和　永平　永安　宣义　永达　兰陵　安善
常安　通轨　敦义　丰安　道德　开明　大业
和平　归义　大通　昌明　光行　保宁　昌乐
永阳　昭行　大安　安乐　延祥　安义　安德

光宅　翊善
永昌　来庭
永兴　安兴
崇仁　胜业
平康　东市　道政
宜阳　　　常乐
亲仁　安邑　靖恭
永宁　宣平　新昌
永崇　升平　升道
昭国　修行　立政
晋昌　修政　敦化
通善　青龙
通济　曲池　曲江

长乐　入苑
大宁　兴宁
永嘉
兴庆

参考自《长安志·卷七·唐京城一·外郭城》北宋·宋敏求
西安碑林博物馆藏北宋吕大防《长安图》、西安建筑科技大学王树声教授团队
研究补绘北宋《长安图》

4

首都

公元618年，唐高祖李渊受隋恭帝禅位登基为帝，国号谓唐，建元武德，改隋朝都城"大兴"为"长安"，唐王朝近三百年的传奇就此起步。

长安城原名"大兴"，是隋文帝杨坚设计建立的一座巨型城池。杨坚希望这座新城能"定鼎之基永固，无穷之业在斯"（《隋书》本纪第一 唐·魏征），特发十万民夫筑城，后经唐代两次扩建，面积约84平方公里，人口百万以上。

新建成的长安经过精心设计，布局与过去杂乱不堪的城池相反，有着非常清晰的功能分区，分别是宫殿区、官署区、居民区。

城市正北为太极宫，太极宫的东北侧是大明宫，城市东侧另有兴庆宫，三处相连，构成了皇帝与嫔妃们居住的宫殿区。太极宫南侧为官署区，三省六部统一安排在这片区域，北接皇宫，东西墙从皇城延伸，南面开含光、朱雀、安上三门，出入需有"门籍"，一般居民不能入内。剩余超过城市面积80%的部分就是普通市民居住的区域，被笔直整齐的街道分割成棋盘式布局。长安城有南北向街道11条，东西向街道14条，将居民居住区切分成100余个大小不一的长方形区域，这样划分出来的区域就是"坊"，四周建有坊墙，墙上有坊门，每天入夜之后坊门关闭，不得随意进出。

长安城中的"坊"情况各有不同。王公贵族的深宅大院集中在城东兴庆宫附近，再往南便是教坊名伎居住的平康坊，城西多是富商巨贾，城南则是普通百姓，从西域远道而来的胡人则聚居在城市西北角。城东和城西各有一处"市场"，也就是大名鼎鼎的东市、西市，成千上万来自各地的商人聚集在这里。

坊市结构整齐又易于管理，不仅成为唐代大都市的标准布局，也深深影响了周边邻国的城市设计与发展。

商业

　　大唐社会安定富足，百姓家有余粮，商业贸易迈入了前所未有的繁荣时代。长安城中设东市、西市两处固定市场，各占两坊之地，"货财二百二十行，四面立邸，四方珍奇，皆所积集"（《长安志·卷八·唐京城二·次南东市》北宋·宋敏求 ）。来自全国各地乃至西域诸国的货物都在这里交易买卖。

　　唐代关于商业监管有一套完善的体系，尚书省户部下设金部和两京诸市署，负责监管市场，唐律中针对强买强卖、哄抬物价、欺骗买家、制贩假货等罪行处杖刑八十，按盗窃罪严惩。朝廷还会经常派官员前往各地评定物价，以防波动剧烈破坏市场，若官员未能公正监管评定物价，同样要按盗窃治罪。如此一来，唐代市场井然有序，商业活动也愈发繁荣。

　　在唐代的商业体系中，对外贸易是十分特殊又重要的一环。西域胡商赶着驼队将域外所产的香料、药材、手工艺品源源不断地送入大唐国门，又将大唐丰饶的物产运往他乡。以香料为例，唐代市面上售卖的只有少量产自本土，如麝香、甲香、沉香等。更多的香料则是"进口商品"，一部分通过 "朝贡"的形式向外国使节购取，另一部分来自南洋诸岛，由阿拉伯商人经"海上丝绸之路"运送至广州、扬州等沿海口岸再行分销。沉香、郁金、婆律膏、龙脑、苏合香、安息香、乳香、没药都出自胡商之手。最多时，广州一城便有十数万胡商及家人居住，他们在市场内设有香行，专营香料买卖，除供应达官贵人日用之外，也承办宫中所需香料。

　　有趣的是，唐代还有专做商人生意的商人。有代人保管钱物的托管商"柜坊"；还有"飞钱"，只需一张薄薄的凭证便可在其他城市提取寄存的货款，这正是后世钱庄、银行的前身。

工艺

大量的财富和频繁的文化交流促进了手工业的发展。政府设置了庞大的官营手工业体系，用官奴婢、犯人、徭役征调来的民夫和工匠来维持运作。民间有大量以手工业为生的专业工匠，同时出现了作坊，实现了规模化生产，以适应日益扩大的市场。

从西安南郊何家村出土的金银器皿便能看出唐代金银冶炼技术达到了怎样的高度。唐人在加工金银器之前先将金银提纯，所用"灰吹法"与现代工艺异曲同工。此时"锤揲法"日益流行，工匠将金银原料放在砥石粉和松香拌成的柔软底座上反复敲打，使其延展变形为所需要的形状。再辅以雕刻、焊接、镶嵌等成熟的技法与域外传入的纹样器型相结合，造就了唐代金银器艺术的辉煌。

纺织业是唐代的支柱产业之一，织法、纹样、产量、规模都远胜前代。灵活自由的纬线起花法替代了经线起花法，织锦图案的丰富程度很快便达到了空前的水平。织工会将鸟、兽、花草、人物、文字、吉祥图案等融入织锦中，花样越来越多，也越来越复杂。域外文化孕育出了许多新图样，比如唐代极为流行的"连珠纹"，就是参考了波斯萨珊王朝的设计，由一圈小圆点组成圆环，环内有鸳鸯、对鹿等主花，十分新奇美观。胡人狩猎、域外奇兽也是唐代纺织品常见的主题。精美的纺织品是大唐最为重要的出口货物之一。

唐代也是中国陶瓷工艺发展的鼎盛时期。匠人在陶瓷釉药中混入铁、钴、铜、锰等金属，调配出了黄、赭、白、绿、蓝等各种釉色，将几种颜色同时用在一件陶器上烧制，出窑之后便是绚丽斑斓的"唐三彩"，其工艺达到了低温釉陶技法的巅峰。

教育

我们熟悉的"科举"制度诞生于隋朝，成熟于唐代，用统一考试的方式从民间选拔出优秀的人才进入政治管理机构之中任职。朝廷为了培养更多有用之才，百姓为了获得更多的任职机会，教育越来越受到重视。

唐代科举制度细分下来有若干种不同的情形。考试科目繁杂多样，有数十种之多。大多数选拔的是书法、法律、算学、史学、道学、礼法等某一方面的专业人才，另设明经、进士两种通才考试，尤为世人所重。"明经"考的是学生的记忆力，考时将书中原文用纸贴去部分，令考生默写，或是阐述对四书五经的理解，难度较低，录取人数也最多。"进士"看重的是考生的文学修养，在明经科内容之外另加诗、赋，这就要求考生博览群书，文辞流畅，言之有物，因此更难考，但也更受重视。俗语云"三十老明经，五十少进士"，两者难易高下立判。

在各地乡野村落之间有"乡校"，粗粗教导孩童《论语》《孝经》作为启蒙教育。州县都设有官学，在长安城和洛阳城中设有国子监，学生以学习儒家经典为主，设有修业年限，要在限定期内通过口试与笔试方能继续学习，成绩优异者期满后可得到学校推荐去参加考试。长安城中的学生数量最多时有八千余人，其中还有来自别国的"留学生"。民间还有很多"私学"，著名的学者门下往往弟子数千，能引领文风变革。日本僧人空海曾经感叹："大唐城，坊坊置闾塾，普教童稚；县县开乡学，广导青衿。"（《综艺种智院式并序》空海）正反映出了教育在唐代的普及程度。

农业

发达的农业是一个庞大帝国发展的先决条件。大唐以农为本，积极鼓励百姓开发荒地，在边境实行屯田垦田政策，农业技术与生产进入空前繁荣的阶段。

南方水稻多达二十五个品种，种植面积不断扩大，初唐时每年北运二十万石，到玄宗时每年可达两百万至三百万石。育秧技术的诞生使得种植时间缩短，农民能秋种小麦夏播水稻，实现了稻麦轮作。小麦、粟米、水稻正式成为我国的三大粮食作物。

太湖地区围水造田，沿着湖岸筑堤拒水，将原本淹没在水面以下的洼地改造成了良田。为了取水浇地，劳动人民在灌溉工具上下足了功夫，开发出了筒车、井车等灌溉工具。筒车就是我们熟悉的水轮车，水流的冲击力使水轮旋转汲水，周而复始，灌溉土地，大大提高了劳动效率。犁地用的工具也有了很大进步，犁身变短，从直身改为曲线，可以自由升降、调节宽窄，前方加装犁盘，有了转动的空间。这种轻便省力的曲辕犁成了后世主流的耕犁结构。

餐桌上的蔬果品种日益增多。本地蔬菜如白菜、萝卜演化出了许多美味的新品种，又引入了如西亚的莴苣、尼泊尔的菠菜等异域蔬菜。果品中樱桃大行其道，尤为唐人喜爱；柑橘实现了人工种植，得以大量上市；西瓜、菠萝蜜、马乳葡萄等水果也是在此时进入中原。人们学会了利用温泉的天然热量建造温室，或是点火取暖维持室温，好让蔬果提前成熟，反季节上市。果农、花农吃透了嫁接时同种相配的道理，嫁接成功率大大提高，生产出了更多甜美的水果和动人的花卉。

农业生产的不断进步与发展奠定了大唐强盛的国力，也催生了多姿多彩的农业民俗文化。在敦煌出土了保存完整的《咏二十四节气诗》，可见至迟在唐代，人们就已经有了完整的节气概念，学会了应时而种，将观察得来的经验转化成了传承千年的农业民俗智慧。

◀ 桑蚕农耕
参考自美国大都会博物馆藏持锄俑

◀ 五月田家农事忙
参考自美国大都会博物馆藏持铲俑、持锄俑、胡人农作俑、榆林窟二十五窟弥勒经变之耕种图

13

玄奘之路——从长安到天竺

玄奘小路——从长安到天竺

参考自南京艺术大学巴米扬石窟复原研究资料、NHK（日本放送协会）纪录片《黄金之都巴米扬·三藏法师所见之巨大佛像》2006.06.23以及珀西·勃朗（Percy Brown）的那烂陀寺复原图

突厥

林邑

粟特

大秦（罗马）

外交

贞观元年，二十五岁的玄奘从长安出发到印度那烂陀寺求学，行五万里路，途经一百三十八国；贞观十九年，他回到了故土，所见所闻由他和弟子辩机著成《大唐西域记》。

唐朝是一个包容开放的朝代，与世界其他文明体有着频繁的交流，而唐朝的文化和时尚也在丝路上流传。异域文化的融入大大丰富了唐人生活的方方面面。

贞观四年，唐太宗李世民联合铁勒突厥一同发兵，将常年侵扰大唐边境的突厥首领颉利可汗捉捕到长安，结束了边境及西域地区的战乱。西北诸蕃国请求太宗加封尊号"天可汗"，意指天下诸国共同的皇帝，这也是大唐外交的基础。

大唐在边境设置了六个"都护府"，分别是安西、北庭、单于、安北、安东、安南，用于管理归化中土的各个外族部落。朝廷赐予部落统治者世袭官衔，让这些骁勇善战的胡人成为大唐强大的边防力量。同时唐朝廷与未归化的西域诸国也保持着良好的往来关系。各国使节定期来访长安，随身携带大量本国珍贵物产作为进献唐朝皇室的礼物，大唐的统治者则回赐使者财物和爵位与官职。随使团而来的还有大量"留学生"，不远万里来大唐学习，到了贞观十四年，来自新罗、高昌、吐蕃各国的"留学生"已有数千人之多。唐德宗时，因公来唐登记在册的外国人有四千余人，可以想见为经商、传法等私事入唐的胡人数量至少数倍于此。

在当时的大唐，外国人并不罕见，他们在大唐经商、学习、定居，可以入朝为官，也有人只能委身为奴。回鹘人把持着高利贷行业，粟特人为长安供应葡萄美酒，波斯人带来了精美的金银器与耀眼的宝石，公卿贵族和豪商家中养着肤色黪黑、来自南洋群岛的"昆仑奴"，日本的阿倍仲麻吕十九岁时来大唐学习，却在五十多年后以"晁衡"之名在长安辞世。也许是因为唐王朝的统治者李氏家族有着鲜卑血统，所以对异族和异文化格外宽容，外国人和异国文化不断融入大唐的骨血，造就了一个开放又国际化的时代。

印度

吐火罗

北亚（室韦、靺鞨）

龟兹

大唐异族人形象

参考自乾陵章怀太子墓壁画《客使图》、新疆柏孜克里克石窟/克孜尔石窟壁画、古粟特片治肯特遗址壁画、马马拉普拉姆《恒河降世》浮雕、同时期萨珊钱币浮雕、莫高窟一百五十九窟壁画、榆林窟二十五窟壁画、突厥石人像等

新罗　　　　吐蕃　　　　波斯　　　　日本　　　　回鹘

装束

小山重叠金明天，鬓云欲度香腮雪。

懒起画蛾眉，弄妆梳洗迟。

照花前后镜，花面交相映。

新帖绣罗襦，双双金鹧鸪。

——《菩萨蛮》温庭筠

香妆

"女为悦己者容。"在漫漫历史长河中，女子从未停止对美的追求。盛唐女子生而逢时，遇到了一个文化碰撞最为丰富多彩的时代。生在一个大胆又自信的王朝，她们得以从来自各国的多元文化中撷取灵感，提炼成绚丽奔放的种种妆容。

唐代女子的妆容之繁复华丽可谓历代少有。

铅粉簌簌，妆成雪肌玉貌，胭脂殷殷，扫上双颊红霞，调和二者之比例便可创造出许多别出心裁的时髦妆容。白里透红的桃花妆、飞霞妆，浓艳欲滴的酒晕妆、檀晕妆等，各自引领着一段时代潮流。

双眉与红唇自然也是妆容的重点所在，妆容设计个性化且多变，与现在的美妆博主相比也不遑多让。眉有柳叶、蛾眉、月眉、桂叶眉、长眉、八字眉、远山眉等，从山水景物、花鸟鱼虫中汲取了大量生动的线条来妆点面庞。点唇的口脂花色繁多，其中常掺有珍贵的香料，使双唇既美且香，增添魅力。画唇时先用粉妆盖去原有唇色，再蘸取装在特制盒、管中的口脂点涂其上。唐人画唇以小为美，最好像樱桃一般小巧红艳，画成的红唇也总比原本的嘴唇更小。

除此之外，唐代女性还有着一整套护肤养颜的诀窍。面药洁面可令肌肤洁白光滑，猪油、牛髓中投入若干药材制成面脂可保肤质细腻，洗澡要用澡豆，洗发要用香泽，随身佩戴香囊、熏衣香，甚至口服香料制成的香丸，务必令自身光泽焕发，体香袭人。

精巧的妆容，高耸的发髻，再穿上一袭绚烂华美的衫裙，大唐佳人正从历史的那一头缓缓走来。

四 贴钿

三 描眉

二 施朱

一 敷粉

化妆品

　　唐代女子在妆容上花的心思极多，一副完整的妆面包括敷粉、施朱、描眉、贴钿等几个步骤。

　　粉有铅粉、米粉、云母粉、白土粉等若干种，粉中掺入香料，力求既白且香。用时以水、蜜等调匀涂在脸上。唐代女子衣着大胆，颈项、胸口、手臂等在轻纱覆盖下能为人所见的部分也都要涂粉。胭脂用红色矿物朱砂，或是用红蓝、石榴等花卉制成，用时挑起一些涂在掌心，再

妆奁

精油

胭脂

香膏

口脂

黛盒

粉盒

◀ 丰富的化妆用具

参考自李景由墓出土鎏金蚌盒，扶风县法门寺出土盘口细首淡黄色琉璃瓶，陕西历史博物馆藏漆妆盒、三足汉白玉妆盒、五代王处直墓壁画

轻轻拍在脸颊上。眉毛可以用墨，也可以用来自西域的"螺黛"描画，螺黛色泽深而泛青，因此画成的眉毛又叫"蛾绿""翠眉"。紫草或朱砂混合油蜡，再掺入香料，便能制成鲜艳的口脂。唐代女子喜欢敷粉时遮住原本的唇色，再用笔细细描绘入时的唇形。额头面颊再贴上绢、纸、金箔、鸟羽等制成的花钿和面靥作为装饰，便成就了一副闭月羞花的唐代美人妆容。

时世妆

"时世妆，时世妆，出自城中传四方。"（《时世妆》唐·白居易）

当奢华走向浮夸，盛世到了熟极糜烂之时，人们的审美就从浓重艳丽转向猎奇怪诞，催生出了中晚唐时期一度流行的时世妆容。开元天宝年间流行泪妆，全脸只用白粉，不施胭脂，似乎刚哭泣过无心化妆一般楚楚可怜，返璞归真。穆宗时流行血晕妆，将妆容中原本作为装点的"斜红"夸张化，用胭脂在眼周画出三四道红痕，眉毛尽数剃去，另画八字愁眉，以凄艳哀婉为美。

唐代女子还吸收了少数民族的文化特色，发展出了"胡妆"。抛弃原本以白为美的粉妆，不施脂粉，用赭色涂面，模仿少数民族被风沙日光洗礼出的深色皮肤，嘴唇弃红就黑，用乌色油膏涂抹，八字愁眉轻蹙，呼作"啼妆""险妆"。审美表达更加多元、自由。

长庆血晕妆

剃去原生眉毛，画八字愁眉，并在眼周画出几道淤血般的红痕

参考自安阳赵逸公墓壁画

元和啼妆

两腮接近赭色，眉形呈八字

参考自台北故宫博物院藏《唐人宫乐图》

太和险妆

面不施朱，乌膏注唇，眉如险峰

参考自西安韩家湾唐墓壁画

云髻

翻荷髻
参考自法国巴黎吉美国立东方美术馆藏白釉仕女俑

双环望仙髻
参考自昭陵燕妃墓壁画、陕西历史博物馆藏双鬟望仙髻女舞俑

惊鸿髻
参考自吐鲁番阿斯塔纳唐墓出土女俑

初唐至武周

初唐承接隋朝俭朴低调的风格，女子发型低、平，轮廓也较为简单。四周发丝全部向头顶梳拢扎紧，再将发丝下翻盘绕，结成单个发髻。自唐太宗时起，女子发髻开始逐渐从低平向高耸发展，这一类以高耸为特征的发型统称为"高髻"，如翻荷髻、半翻髻、反绾髻等。

武则天时代女性发型进一步变化，有了更多对美的追求。首先是"蝉鬓"的诞生。此时女性不再将所有发丝紧紧梳起，而是在两腮鬓角处尽量将发丝梳理得薄而蓬松、有如蝉翼夹腮之势。发髻当然要与丰腴的鬓发相称，变得更加复杂高大。比如"双鬟望

仙髻"，将发缕高高挽成中空环状，耸立头顶。又比如"惊鸿髻"，高耸对称，犹如鸿雁在头顶扬起双翅一般。如此高大的发型远非真发能够负担，因此出现了"义髻"，即木制假发，外涂黑漆，画以彩饰，罩在真发外直接佩戴使用。

倭堕髻

参考自西安博物院藏女俑

义髻

参考自西安博物院藏彩绘女立俑

回鹘髻

参考自西安博物院藏女俑

盛唐

盛唐开元年间"蝉鬓"继续变大，头顶发髻不再高耸入云，反而向额前折返垂下，有种娇懒柔美的气质，称作"倭堕髻"。"义髻"也继续扮演着重要角色，一些挑尖高耸，画有彩饰，另一些则圆润宽大，向额前隆起。总的来说，盛唐发式有两个特征：一是雍容丰腴，以蓬松多发为美；二是"名人效应"，传说许多发型与杨贵妃有关，《新唐书》中提到，义髻的流行也与杨贵妃的个人爱好脱不开关系。这个时期，西域胡风也渗透到了女子的妆发审美之中，回鹘妇女的传统发型作为一种时尚风靡长安，妇女们纷纷将发髻束在头顶，髻底用红绢带扎紧，垂直向上，高约五六寸，十分干练洒脱。

堕马髻

参考自辽宁省博物馆藏《摹张萱虢国夫人游春图》

闹扫髻

参考自武汉博物馆藏闹扫髻女俑

高髻

参考自西安韩家湾唐墓壁画

中唐至晚唐

从中唐到晚唐，随着国力盛极而衰，女子的发型变得越来越奇异颓唐。比如大名鼎鼎的"堕马髻"就流行在这个时期。青丝斜挽在脸颊一侧，让挽成的发髻自然垂落在腮侧，将

散未散一般，给人一种慵懒之感。更夸张的还有"闹扫髻"或称"盘鸦髻"，在头顶重叠梳出层层高耸发髻，白行简《三梦记》说"形如焱风散髻"——好像大风吹散了头发一样。高

髻之高在此时接近猎奇，元稹等诗人都写到此时的发髻高有一尺，两鬓已不满足于如蝉翼的效果，而是要分成两重，分别用簪钗挑成鸟翅般伸展的样子，呼作"高髻危鬟"。

钗冠

铺翠冠儿，伴女长眠

参考自中国陕西省考古研究院、德国美因茨罗马—日耳曼中央博物馆·唐李倕墓——考古发掘、保护修复研究报告[M]，北京：科学出版社，2018.

萧后冠
参考自扬州隋炀帝墓出土萧皇后冠

花树钗
参考自西安城西李静训墓出土闹蛾花树钗

宝钿花树
参考自敦煌莫高窟九窟供养人像

宝冠·花树冠·宝钿花树

有品级的女性在正式场合佩戴宝冠。宝冠又可以叫作宝钿花树冠，由花树钗、宝钿、博鬓三部分构成。花树钗脱胎自汉代步摇，一根主钗上方分出若干细枝，枝端装饰有花、叶、珠玉宝石、虫、鸟、人物等。花树的数目按身份有严格规定，据《旧唐书·舆服志》记载，皇后插花树十二支，皇太子妃及一品命妇九支，二品命妇八支，依次递减。

花树钗下再加宝钿就成了"钿钗礼服"。宝钿形如莲瓣或水滴，是一片薄薄的金属片，上面根据个人喜好装饰有花、鸟、人物等图案，用长钗固定在发髻上。宝钿数目和花树数目相同，在额前层叠插戴，恰如一朵盛放的莲花。

在宝冠两侧，不分品级，都插有两支弧形博鬓。博鬓长而阔，可以随心所欲地用镶嵌、金银炸珠等方式施以华丽的装饰，用来固定由花树钗和宝钿组成的头冠。

到了晚唐，国力财力渐渐不支，无法使用繁复昂贵的宝钿花树，贵族女子们开始使用花钗作为代替。花钗用银条捶打制成，钗头敲打得扁平阔大，镂刻有复杂的花草纹样，鎏金之后满插头上，强撑出了盛世最后的颓唐富贵景象。

女官进贤冠

参考自乾陵懿德太子墓石刻《步摇女官图》

凤冠

参考自莫高窟四十五窟《都督夫人礼佛图》

莲花冠

参考自西安博物院藏莲花冠陶女俑

进贤冠·凤冠·莲花冠

进贤冠在一片珠光宝气中略显特殊，除了插有两支步摇用作固定和装饰之外，总体来说相当朴素。它原本并不是女性所用的冠帽，而是男性文官上朝时所穿公服的一部分。武周及唐中宗时女子参政活跃，因此留下了许多头戴进贤冠犹如男性朝臣一般的女官身影。

鸟形冠也是唐代的特色，又被称作"凤冠"。唐人十分喜欢用鸟作为装饰，在各种出土文物及壁画上可以看到许多头戴鸟形冠的女子形象。纯用金银丝编织打造成凤鸟展翅形，罩在发髻上方，用步摇固定。

还有一种学道女子常戴的莲花冠，也叫莲冠。莲冠多数也用纱罗做成，中心是用纱罗涂漆制成的冠芯，另用碧色、黄色等纱罗剪裁成花瓣状层层贴敷在冠芯四周，堆叠出一朵随风摇曳的半开莲花。碧绿的莲冠又叫碧罗冠，尤为流行。冠旁用一支水晶、犀角等做成的长簪固定。莲冠起初仅为女性道士专用，随后很快流行起来，舞伎及一般女性也开始以之为美。

花冠

参考自美国纳尔逊·艾金斯艺术博物馆藏《调琴啜茗图》、
台北故宫博物院藏《唐人宫乐图》

透额罗（幞头）

参考自莫高窟四十五窟《都督夫人礼佛图》

包髻

参考自美国纳尔逊·艾金斯艺术博物馆藏《调琴啜茗图》

花冠·透额罗·包髻

　　鲜花虽好，却容易凋谢。巧手的唐代女子用纱罗仿造真花花型，剪裁缝制成冠帽装饰，这样的花冠花瓣层叠，冠身较大，能盖住整个发髻。

　　唐代世风开放，女子常着男子衣帽，头饰也不例外。唐代女子有时会用薄纱或细罗裁成长条包裹青丝发髻，模仿男性用幞头包发的习惯。这样不仅英武时尚，也方便活动劳作，是时髦的贵族侍女们常用的装束。

　　市井田间的平民妇女们也常为一头青丝烦恼。头发虽然可以用木簪银钗挽作发髻束拢，但在劳作时不免髻偏发坠，平添许多不便。妇女们因此发明了包髻，也就是用一方大头巾罩住挽好的发髻，防止发丝飘落。

37

鸟形冠

参考自西安金乡县主墓出土孔雀冠骑马伎乐女俑

鸟形冠·锦帽

壁画文物中还能看到一些颇具特色的唐代女帽。有的将帽子做成一只鸟的形状戴在头上，鸟头前倾，口中垂下珠玉作为装饰；有的则是在冠上装饰一只鸟形，同样口中衔有珠串，垂挂在面庞前。鸟形冠与凤冠不同，是一顶完整的冠帽。同样新奇好看，但更为实用。

女子还流行戴胡风浓郁的锦帽，锦帽是当时重要的时尚单品。其顶部较高，四周支出挺括的帽檐，帽檐可以围轻纱遮面蔽风。帽身用华贵的织锦拼缝而成，可以绲毛皮边，也可以镶嵌宝石珍珠争奇斗艳。

女子骑马出门时需要佩戴挂有一圈轻纱的帷帽遮挡面容。早期帷帽的帽檐轻纱长垂至地，将女子全身都遮掩其中，连身姿都无法窥见。到了盛唐，随着女性在社会上的自由度越来越高，需要频繁地踏出家门，挂纱也变得越来越短、越来越轻薄，仅垂挂至颈部，恰好遮挡住如花的面容。

锦帽

参考自中国丝绸博物馆藏团窠联珠花树对鹿纹锦帽

帷帽

参考自吐鲁番阿斯塔纳唐墓出土骑马笠帽俑

衣裳

初唐·武周

　　初唐时期女子服饰以"危侧"，也就是纤长为美。上身可以穿单层的"衫"或是双层的"袄"，衣身比袍服短，衣袖窄小贴身。还有一种同样短小的齐腰短袄称作"襦"，用刺绣装饰。下身穿裙或裤。下裙流行用双色或更多颜色的布裁成竖条拼接制成的"间色裙"，有时在间色裙外还要再罩一层纱罗制成的半透明"笼裙"。裙子通常系在胸前甚至胸乳上方，与上身短襦合称"襦裙"。裙下可以穿裤，裤子同样是时髦的条纹拼接款，裤身阔大，在足踝处收口。腰间有时另系一条短裙样"陌腹"。最后在肩上披一条名为"帔"的长条丝帛作为点缀。总的来说，初唐时虽然贵妇人仍以宽袖长裙配高台履为正式礼仪装束，但日常生活中，便于行动的窄袖、短衣、长裙、束口裤是女性服装的基本组成。

　　武则天临朝前后女子装束轮廓基本沿袭初唐，在细节处不断向奢侈艳丽的风格转变。首先是领口逐渐变大，有的挖出弧形胸线，有的裁成对襟式样，在胸前系出一个带弧度的ω形，甚至酥胸半露，风格大胆。下裙移到胸下，开始追求宽大，间色裙拼条数目一增再增，出现了所谓"七破""十二破"（每一幅裙料由七至十二条布料拼成）。若按最宽的八幅裙"十二破"计算，一条裙子需要拼合九十六条不同色彩的布料。间色裙外仍然流行笼裙，上身衣服外开始流行穿"背子"，即一种无袖或短袖短衫，贵重者用织锦裁成。帔绕过双肩，一端掖在裙腰内，一端自然垂下。同时女性也以穿男装为时尚，圆领袍配束口裤是武周一朝前后女性最为大胆的服装尝试。

　　唐代风气开放包容，女子穿着男装不仅不为人所诟病，甚至是一种人人羡望的时尚潮流。宫中侍女头扎幞头抹额，身穿长袍，足蹬长靴，完全是一副男性官员式装扮。女性在穿男式袍服时会在领口袖边加上锦边装饰，与女髻、绣鞋搭配，英气中又有着女性的柔美。胡服衣裤也是女扮男装的大热点，窄袖胡服、束口长裤，头戴胡帽，配色鲜艳绚丽，异域风情十足。

奢靡晚唐

参考自莫高窟九窟东壁供养人壁画

颜艳中唐

参考自西安博物院藏堕马髻女俑头

雍容盛唐

参考自莫高窟四十五窟《都督夫人礼佛图》

42

男装风尚

参考自西安博物院藏双髻陶女俑

飒爽武周

参考自吐鲁番阿斯塔纳唐墓出土彩绘舞伎绢画

清丽初唐

参考自新城长公主墓壁画、吐鲁番阿斯塔纳唐墓出土骑马笠帽俑

盛唐·中唐·晚唐

　　开元时期女装风格逐渐转为柔美舒缓，以丰腴自然为美。上身仍穿襦衫，裁剪宽松，袖子变得长能掩手。下身裙有的用宽幅布拼合间色，有的用整块布料在腰间打褶，追求裙身中段略蓬、末端自然垂拢的弧线。锦缎背子一度被禁，很快又偷偷复活。由于织锦昂贵难得，唐人开始用颜料在素色布料上绘出图样，或是用木雕版夹住布料，用"夹缬法"染出花纹，图案表现变为灵活丰富，很快就风靡了起来。

　　中唐风格继续向宽松化发展，袖子进一步变大，裙身宽阔曳地，裙腰被进一步强调。白居易写道："裙腰银线压，梳掌金筐蹙。"长裙在身体正前方出现了"裙门"，在裙门左右对称打褶放大裙身。裙系在胸下，系带上方凸出一圈半月形弧形裙腰，正好盖住胸口，这里应该就是白居易笔下用银线重重刺绣装饰的裙腰。从《捣练图》及敦煌供养人画像来看，当时的长裙色泽浓艳，用布充裕，配合女子丰腴的体态，有一种庄重从容之美。

　　晚唐时女子服饰不断出新出奇，奢侈猎奇之风愈演愈烈。裙腰进一步加阔借以束胸，裙身和袖子被加阔放大到夸张的地步，裙长曳地可达四五尺，衣袖阔也有四尺以上。后期甚至不再将上身襦衫束在裙腰内，而是单束长裙，外罩广袖襦衫。襦裙颜色浓艳，色调偏暗，款式夸张，配合当时同样奇特的发型及首饰，整体散发着一种玉山将倾般的颓靡感。

礼服

　　按照唐高祖李渊颁布的《武德令》：皇后礼服有三，分别为袆衣、鞠衣、钿钗礼衣；内外命妇礼服有六，分别是翟衣、青衣、钿钗礼衣、公服、半袖裙襦、花钗礼衣。

　　袆衣上配花钿宝冠，下配深青色深衣，衣上织有十二只五色锦鸡，也就是翟鸟。袆衣下穿白纱中衣，腰系革带，垂挂组佩，背后两条黑色大绶，青袜青鞋，鞋上还有金饰。鞠衣形制与袆衣相同，但不织翟鸟，而是染成如嫩叶般的黄色。钿钗礼衣也不织翟鸟，腰间用五色绶带。

命妇所穿的礼服用青色罗织成，上面也有"翟鸟"纹样，因此称为"翟衣"。身着翟衣，头戴花树宝钿，便成了典礼等正式场合穿着的"钗钿礼衣"。衣服上的翟鸟数量和头上的宝钿数目随身份品级变化，一品命妇九鸟九树，依次递减，从穿着上就能分辨出身份高低。

◀ 初唐命妇礼服
参考自西安碑林博物馆藏李寿墓棺椁线刻、扬州隋炀帝墓出土萧皇后冠、礼泉县唐越王李贞墓出土组玉佩

◀ 初唐女官礼服
参考自乾县懿德太子墓石椁线刻画《步摇女官图》

首服

幞头

幞头，我国男装历史中一颗独一无二的明星。

男子自古以来就有以布裹头束发的习惯，有幅巾、帩头、葛巾、帻等裹头用品。到了隋唐时期，从鲜卑帽延伸发展出了一种新的裹头用品，这就是幞头。幞头是一块有着四脚的布帛，男子每日晨起先束发髻，在发髻上加上一件草藤细丝编成的硬质"巾子"，再把幞头盖在巾子上，两脚相系于脑后，另两脚反折回来，绕过发髻和巾子系在头上固定。从君王到百姓，无一不用幞头束发，使之成为唐人生活中不可或缺的道具。

幞头绑得好不好看可以说是唐代男子外表上的重要评分项。为求光洁平整，幞头要选最为细密轻软的薄纱，有人甚至先蘸水再裹头以求服帖，谓之"水裹"。脑后垂下的两脚更是时髦要点，随着流行时长时短，时垂时翘，变化多端。晚唐时又有人在幞头内衬上木托，外侧刷漆，使其变硬定型，这样加工后的幞头就成了一顶小帽，随时可以摘戴，不需再费事捆扎了。

四 系幞头　　　三 戴幞头　　　二 戴巾子　　　一 结发髻

参考自吐鲁番阿斯塔纳唐墓出土巾子、武威市吐谷浑王族慕容智墓出土幞头软巾

幞头

参考自礼泉县长乐公主墓佩刀武士壁画

头巾

参考自乾陵章怀太子墓壁画《仪卫图》

抹额

参考自初唐洛阳东北郊墓出土男俑

冕旒

参考自莫高窟二百二十窟天子像、美国波士顿博物馆藏《历代帝王图》

武弁

参考自乾县章怀太子墓壁画《客使图》

天子冕冠

皇帝正式场合头戴冕冠。冕冠顶部有一块名为"綖"的冕板，用丝绢包裹木板制成。唐代规定冕板表玄里纁，宽八寸（一说一尺二寸），长一尺六寸（一说二尺四寸），相当宽大。冕板前后垂有数串玉珠，名为"旒"。旒用五彩丝绳串各色玉珠制成，垂于面部正前方，有"目不视邪"，遮蔽不正不良之物的意义。旒的材质及数目视佩戴者的身份地位而定，天子最多，前后各用十二旒，臣下官员则依次递减，垂九、七、五、三旒不等。冕冠除用"簪导"固定以外，还配有丝绳编成的组缨，左右各一，系在额下固定。

武弁大冠

武官佩戴的冠帽名叫武弁大冠，又称貂蝉冠。"弁"原本是指一种形如双手合拢状的椭圆形帽，扣在帻外，帮助束发，是武官常用的饰物。随着时间流逝，弁的形态不断变化，逐渐变成了一顶套在帻外的笼状硬冠，脑后拖有垂耳。冠下先用巾帻包头束发，发髻前侧装饰一枚刻有蝉形的金珰。在古人眼中，蝉能蜕壳羽化，不沾尘俗，食露而生，是"至德之虫"，也是高洁的化身。冠后插一截貂尾，取貂鼠勇悍在内、温润在外的品质。貂、蝉并用是武官中的最高等级，在唐代主要用于左右散骑常侍的冠帽。

平巾帻

参考自西安博物院藏三彩文官俑

鹖冠

参考自西安博物院藏三彩鹖冠武官俑

平巾帻

　　帻，是包头束发用的布巾，身份高可戴冠的人在冠下戴帻，身份低微的人单用巾帻包头。武官通常先用巾帻包头，再戴武弁，这种垫在武弁下的巾帻叫作"平上帻"。为求整齐美观，平上帻从一块随手扎裹的布帛逐渐演变成了有固定形状的小冠，前部低矮平整，后部高耸凸起，中间纵向裂开，一根扁簪横贯发髻用于固定。这种有了固定形状的冠式"平上帻"后更名为"平巾帻"，成为武官的标准服饰。

鹖冠

　　武官除去武弁大冠、平巾帻以外，还有一种颇为有趣的冠帽，名为"鹖冠"。鹖是一种传说中的雉鸡，勇猛善斗。武官们常在冠上插一对雉尾作为装饰，或是索性将整只鹖鸟的外形作为冠的装饰。冠的正面装饰有头下尾上的鹖鸟，冠两侧有高耸饱满的包叶耳衬，包叶上还要描绘出鹖鸟舒展的双翅，营造出猛禽飞扑而下、俯冲击敌的姿态，充满动感。中唐之后，鹖形逐渐从冠上消失，由卷草连珠云纹等装饰性纹样取代，奇特英武的鹖冠就这样从历史中消失了。

衫袍

对现代人而言,时尚几乎是女装的代名词。说到男装,难免给人一种单调无趣的感觉。而唐朝的男装会将这种刻板印象一扫而空。

纺织行业在唐代发展迅速,规模庞大,有锦、绫、罗、绮、纱等种类。异域文化不断流入中原,启发着匠人的灵感,创造出了如连珠纹、瑞兽纹、宝相花等花样,发明了给布料印花的夹缬法。这些令人眼花缭乱的织物被广泛运用在男装上。除了美观之外,还能彰显穿着者的财力与地位。

传统汉族男装的代表是"深衣",上衣下裳连成一体,交领大袖,庄重大方,但会使穿着者行动受限,难以抬足举步,人们只好撩起下摆一角掖在腰间以方便活动。唐代男装则大胆地吸收了许多胡服元素,引入了窄袖、窄衣、圆领、两侧开衩等元素,创造出了"襕衫",也就是我们俗称的"圆领袍"。士人官僚多头戴幞头,身着圆领袍,足踏靴履,便于骑马行路,轻盈自由、潇洒利落。春秋之际,在袍衫外另加一件无袖或短袖的"半臂"便可挡风御寒,它也是男性时尚中一件重要的单品。

色彩与花样也决定了时尚的走向。唐朝服装有着严格的等级分层制度,朝中大员着红穿紫,平民只许穿黄白两色,因此衍生出了"满门朱紫""白衣寒士"等用服色暗喻身份门第的典故。

华袍君子,玉树临风
参考自庆城穆泰墓出土男俑

衮冕

参考自莫高窟二百二十窟天子像、《旧唐书·舆服志》

天子服制

《旧唐书·舆服志》记："唐制,天子衣服,有大裘之冕、衮冕、鷩冕、毳冕、绨冕、玄冕、通天冠、武弁、黑介帻、白纱帽、平巾帻、白帢,凡十二等。"前六种合称"冕服",用在祭祀与礼仪活动中,按重要程度不同分别穿着。

唐高宗、唐玄宗在位时分别下令对冕服制度进行改革,最终,除衮冕以外,其余冕服均被废弃不用,衮冕也就成了皇帝的标志性礼服。

在祭祀与礼仪活动中,皇帝需头戴衮冕。冕板前后垂有十二条冕旒,每条长十二寸,串有十二颗白珠。身穿玄衣纁裳,即黑色上衣与红色下裳。衣上有十二章纹饰,即日、月、星辰、群山、龙、华虫、宗彝、藻、火、粉米、黼、黻等十二种象征物。身前有朱红色蔽膝,绣有龙、山、火等图样。

朝会时穿着朝服。头戴二十四梁通天冠、黑介帻,身穿绛纱袍、红罗裳、白纱中单、白裙襦、绛纱蔽膝,白袜,黑舄。

臣下服制

唐代官员服制规定与前朝相比更加复杂细致，大致可以分为祭服、朝服、公服、常服。

祭服即冕服。大裘之冕属天子专用礼服，衮冕及以下既是君王的礼服，也是臣子的礼服。一品官员服衮冕，冕旒减为九条，用青色和彩色玉珠。身穿青色上衣、红色下裳。衣上纹样比天子减一等，绣九章纹饰。二品官员服鷩冕，装饰再减一等，自上而下，等级分明。

臣子朝会时穿着朝服或公服。上身穿绛纱单衣，内搭白纱中单，下身穿白裙襦，配绛纱蔽膝。身份等级主要通过配饰来区别。绶、纷、鞶囊、佩这些配饰都在颜色、材质、尺寸上有严格的规定，在一片绛色朝服中也可一望而知身份不同。公服比朝服又低一等，不穿蔽膝，脚上不穿更为正式的舄，而改为日常轻便的乌皮履。

裲裆与袴褶

　　唐有胡风。久经民族融合，唐人早已习惯并喜爱上了轻便灵活的胡风装束。比如袴褶与裲裆便是如此，一度完全取代了朝服与公服，成为官员们的标准装束。特别是武官及军中之人，由于需要骑马征战，更加偏爱袴褶、裲裆。

　　袴褶上衣下裤，上身名为褶衣，下身为缚裤。褶衣原本类似袍服，长度及膝，袖子窄小，左衽，是适合游牧民族日常生活的衣装。唐代的褶衣改左衽为右衽，袖口加阔，将中原审美融入其中。下身的袴也相应变得阔大而长，行走时难免拖沓。唐人取两条绳带在两膝处分别将袴缠束住，从而在中国传统的宽袍大袖式审美与胡服便捷灵敏的特性间取得了平衡。

　　裲裆是一种较为简易的皮甲，常常和袴褶合穿。它分作前后两片，一片当胸，一片在背，两肩上有皮袢相连，腰间另外用一条皮带束紧固定，长度及膝。裲裆搭配袴褶，头戴平巾帻，这便是唐代一般武官的基本装束。

半臂

在长袖衫袍以外，唐人还有穿"半臂"的习惯。顾名思义，"半臂"即袖长覆盖部分手臂的短袖衣。长度仅及腰，腰下另接一圈围布，称作"襕"，左右交领，用系带固定。半臂的穿法多种多样，穿袍时通常将其衬在内衣与外袍之间，若是效仿胡风，可在穿圆领袍时特意脱出一臂，就能显出袍下的半臂来，十分潇洒。百姓常将半臂套在衣衫外，恰似今日的坎肩一般。

半臂也是各家小郎君比拼风流英俊的关键道具。面料选择上不能随便，除一般绫罗以外，还可以选用最细密厚实的锦，扬州当时的贡品中有专供制作半臂用的"半臂锦"，价值不菲。在衣缘袖口处也可拼接其他织物，让半臂更为华丽。半臂腰下所接的"襕"也不能用同色，多半用异色相拼，夺人眼球。《旧唐书·韦坚传》里记载崔成甫的"时尚扫街装"便是"缺胯绿衫，锦半臂，偏袒膊，红罗抹额"。

半臂
参考自日本奈良正仓院藏夹缬绝半臂、夹缬罗半臂、吐鲁番阿斯塔纳唐墓出土麻线鞋

圆领袍

圆领袍同样有着浓浓的胡风色彩。受北朝鲜卑文化影响，中原人的穿衣习惯发生了很大的改变，吸纳了一部分外来服装，也对传统服装做了不少融合式改变，逐渐形成了上袍下裤、足蹬长靴的穿衣习惯。圆领袍就诞生在这样的环境下。早期圆领袍在前胸左侧有一块"掩襟"，天冷时系在右肩处裹住脖颈，热时解开反折，形如翻领。随着圆领袍越来越日常化，以及受中原审美的影响，圆领袍右侧也发展出了"掩襟"，系紧时掩在衣内，解开时则和两侧一起翻出，左右对称，更为潇洒好看。

有趣的是，圆领袍上还有一个中原服饰极少出现的细节。在壁画上可以看到，左右掩襟上都有一颗小小的圆形物，而没有看到常用于固定的绳纽，也就是说，唐人已经用上了纽扣这样的新鲜玩意儿。圆领袍下身通常搭配长裤，两侧还开有衩缝，穿着者行走奔跑、骑马射猎时全然不用担心被衣服束缚。窄袖圆领，掩襟对翻，纽扣衩缝，这一系列前所未见的时尚元素既美观新奇，又灵活方便，受到了唐朝各阶级的喜爱，是唐朝最常见的男子服装样式。

叠穿

为使整体造型显得更加挺拔，唐人有时会将半臂穿在袍子内，起到垫肩的作用

蹀躞

蹀躞上通常会佩戴的七件工具，分别是佩刀（武器）、刀子（削木简或食物的小刀）、砺石、契苾真（刻字的楔子）、哕厥（解绳结的锥子）、针筒、火石

参考自内蒙古博物院藏狩猎纹金蹀躞带

刀子

常悬挂于蹀躞带上的小刀称刀子，这种短刀在日常生活中十分实用

参考自安陆王子山吴王妃杨氏墓出土掐丝菱纹柄金刀

59

服色之别

　　朝服与公服好比今天的工作服或是制服，各级官员各有定制。非工作日穿着的服装则休闲随意，称为常服。与前朝相比，唐朝对服装的细节规定更为烦琐具体，明确规定出各级官员及平民应穿何等颜色及质地的服装，以便从视觉上分辨个人地位，即"服色"或"品色"制度。

　　唐高祖时命三品以上服紫色绸绫及罗，五品以上服朱色，六品及以上服黄色。太宗时又进一步详细分类，规定三品以上服紫，四品、五品服绯，六品、七品服绿，八品、九品服青。青色需用靛蓝多次浸染，成品深而泛红，与紫色难以分辨，为防"深青乱紫"，又再次改青为碧。唐高宗时再次细化，文武三品以上服紫，四品服深绯，五品服浅绯，六品服深绿，七品服浅绿，八品服深青，九品服浅青。终唐一朝，紫色都代表着高官厚禄，一"色"之下，万"色"之上，有着特殊地位。此外，帝王专服黄袍，是一种红色调的赤黄色。无品小吏及庶人也可穿黄色，只是在色调明暗深浅上需有避讳，不能冲犯君主专用的赤黄色。

珍馐

洛下林园好自知，江南景物暗相随。

净淘红粒晋香饭，薄切紫鳞烹水葵。

——《池上小宴问程秀才》白居易

主食

唐代的粮食主要是稻与麦。

淮河以南多种水稻，今天的浙江、江苏、安徽、江西、湖南、四川等地都是稻谷产地。南方稻谷种植发展迅速，产量远高于小麦及粟类。稻米顺着运河向北方输送，支撑起了大唐粮食的半壁江山。稻米或蒸或炙，可以煮成松软的白饭或软糯的粥汤，配菜食用。

小麦无疑是唐代粮食中最灿烂的明珠。小麦原产西亚，是西域诸国的传统粮食，它很早便传入中国，早在东晋时期就已在我国北方地区广泛种植。在唐代，小麦种植技术逐渐发展成熟，除了传统的中原、华北、山东等地区以外，长江流域普遍开始推行稻麦混作，一年两熟。收获的小麦用石磨加工成面粉，再制成如胡饼、馄饨、鼍饦等精巧的面食端上餐桌。面食带着浓浓的胡风，是唐代十分流行且珍视的主食。

唐人将所有用面粉做成的食品都称为"饼"。馒头包子一类的叫作"蒸饼"，面条馄饨一类的叫作"汤饼"，过油煎烤成的有"煎饼""烧饼"，还有胡人传来的"胡饼"等，不一而足，见诸文献的"饼食"有近五十种。

◀ 面食

胡饼、馎饦、馅饼、巨胜奴、蝎饼、曼陀样夹饼

参考自吐鲁番阿斯塔纳墓出土的唐朝面点

面食

唐代面食种类丰富，制法考究。比如"古楼子"，在胡饼中层层包入羊肉，加入花椒、豆豉、油酥等调料，煎烤至羊肉半熟食用。"巨胜奴"，大约是用蜂蜜、羊油和面，外层蘸满黑芝麻，再油炸而成的环状甜饼。"馎饦"众说纷纭，应该是从西域传入的带馅面食，有蟹黄、猪肝、樱桃等馅料。

槐叶冷淘

汤饼中有一类格外受唐人喜爱，那就是"冷淘"，相当于现在的凉面。将和好的面切成面条煮熟，再用冰水或井水浸泡，另浇汤汁配菜供人食用。长安城中流行"菊花冷淘""槐叶冷淘"。采嫩槐树叶榨汁和在面中做成的槐叶冷淘，颜色青碧，微苦解暑，是杜甫的最爱，也是唐代宫廷夏日的必备美食。

◀ 槐叶冷淘

冷淘，过水凉面的前身

◀ 素蒸音声部

烧尾宴食谱中的高端菜，运用了面塑等工艺

素蒸音声部

　　景龙年间，舒国公韦巨源家为庆贺他升迁，按当时习俗举办了"烧尾宴"。宴会菜单上有一道压桌大菜，就是"素蒸音声部"，这是一道堪称艺术品的面点。"音声部"指的是歌伎、乐师、舞者，用面裹素馅，捏整成人形再上笼蒸熟。面塑如蓬莱仙子，作鼓瑟吹笙、引吭高歌、翩翩起舞之姿，水汽流转盘旋其中，真如天仙献乐一般唯美，是一道美妙的面点"看菜"。

肉食

《新唐书》记载，唐睿宗时宫中"尚食料水陆千余种及马、牛、驴、犊、獐、鹿、鹅、鸭、鱼、雁体节之味，并药酒三十名"。从这条来看，唐人餐桌上的肉食品种可谓上天入地，无所不备。

达官贵人最重视羊肉。羊肉不仅味美，还被认为有治疗"风眩羸瘦""头重目眩、四肢烦疼""产后羸弱无力"等症之效。亲王至五品官，每月由膳部配给羊二十只至九只不等，宫中用量更大，每天计两百只以上。羊肉吃法很多，可以慢炖成羹汤，也可明火炙烤后各自割食。胡食和羊肉是绝配，于阗国有蒸全羊，古楼子正是胡饼与羊肉的组合，都是当时非常时兴的吃法。

猪肉食用量日渐增多，但烹调方式还比较单一。唐人喜欢蒸烂猪肉，浇上解腻去腥的杏酱、蒜酱食用。

走兽养殖时间长，价格高昂，平民阶层难以承受，他们更喜欢价廉物美的禽肉。孟浩然诗云："故人具鸡黍，邀我至田家。"杀一只鸡，焖一锅黄米饭，这就是一般唐代民众的好饭菜。炙鹅、蒸鹅等也是上下皆喜的美食。

除了这些家养动物，唐人还喜欢吃野味。比如鹿、熊、野禽、鱼虾等。鹿肉自古便是珍品，唐玄宗用鲜鹿血煎鹿肠，取名"热洛河"，赐予安禄山等重臣食用。宫中还将鹿肉与肥美的熊肉一起剁馅做成包子，号"玉尖面"。鱼虾讲究新鲜，鱼羹米饭是典型的南方美食。唐人喜欢肥嫩的鲤鱼、与葱姜一起蒸成的鳊鱼；还有著名的松江鲈鱼，色白鲜洁，是鱼脍的首选。南方沿海还嗜食酱醋生烩的"虾生"，湖蟹和海蟹也已经占据了秋天的餐桌。

草原之风·浑羊殁忽

　　唐代最受欢迎的两种肉食，羊和鹅，碰撞到一起，成就了一道唐代名菜"浑羊殁忽"。取一只子鹅洗剥干净，腹中填满预先调好味的米饭和肉丁，缝合腹部，再填入一只整羊中一起炙烤，熟后单吃腹中的鹅。这种吃法既"胡"又"汉"，不管是唐人还是胡人都会胃口大开，大快朵颐。

◀ **羊肉**
唐人对羊肉十分钟情，有红羊枝杖、冷修羊、灵消炙、浑羊殁忽等众多新奇的菜肴

河鲜
金齑玉鲙、光明虾炙

海河之鲜 · 金齑玉鲙

唐人格外讲究鱼脍。《膳夫经》最推崇鲫鱼脍，认为其不仅美味，还有补脾胃的药效。鲈鱼、鳊鱼、鲷鱼等，都是做脍的好材料。鲜嫩的鲈鱼用快刀片成鱼脍，色泽如美玉。蒜、姜、盐、白梅、橘皮、熟栗子肉和粳米饭一起切碎拌匀，浓艳如黄金。鲈鱼"玉脍"配上深黄色的"金齑"，就成了一道传世名菜。在东南沿海，海鱼甚至可以在船上被加工成脍，晒干密封后运回内地，据说能保存五六十天。

羹汤 · 汤浴绣丸

我们熟悉的"狮子头"在唐朝就已经出现了。将猪肉剁成肉末加入鸡蛋及调味品，团成球状，最后用高汤煨熟。唐人烹肉时极擅用调料品平衡滋味，肉末更好第地入味。

羹汤
汤浴绣丸

蔬果

栽培技术在唐代取得了很大进步，加之许多蔬果源源不断地从域外输入中原，唐人的"菜篮子"里多达四五十种蔬菜，果品之丰富也不亚于现代。风雅浪漫的唐人还在肴馔中加入了大量花卉，且赏且食。

葵菜今天已不多见，这种古老的蔬菜是唐朝生活中最日常的食物之一。葵菜长成后掐叶食用，可以从春季一直采收、食用到秋季，秋季的葵菜又叫露葵，最为美味。葵菜富含黏液，煮成羹汤"味尤甘滑"。

野油菜在人工选育下不断变异，最终形成了供榨油的油菜，食用叶子的芥菜、菘菜，专用块根的芜菁等几种不同的蔬菜。其中芜菁又叫蔓菁，肥大的块根能替代主食。杜甫诗云："冬菁饭之半"，其对劳动人民的重要性不言而喻。芥菜可供腌渍咸菜，菘菜可以直接食用。

此外还有许多域外蔬菜。如西域传来了黄瓜、胡芹，从尼泊尔输入了菠菜，莴苣来自遥远的西亚地区。这些蔬菜新奇味美，逐渐在中国扎根成长，进入唐人的日常饮食之中。

唐代已有大面积人工果林，能大量生产水果，并销往其他地区。

长江两岸盛产橘子，有朱橘、乳橘、塌橘、山橘等许多品种，太湖及周边地区每年还要向长安运送贡橘。

北方盛产梨子。有紫梨、甘棠梨、蜜味梨、水全梨、凤栖梨等十几个品种，最大的梨竟然单个便有六斤之重。这时的梨还不像今天的水果梨一样脆嫩可口，生吃有些硬，因此唐人习惯将梨送入锅中，蒸至熟软后食用。

还有桃、枣、樱桃、李子、荔枝、龙眼、葡萄、甜瓜、甘蔗、石榴等，既可入口，又能入诗，不少成了诗中常客。

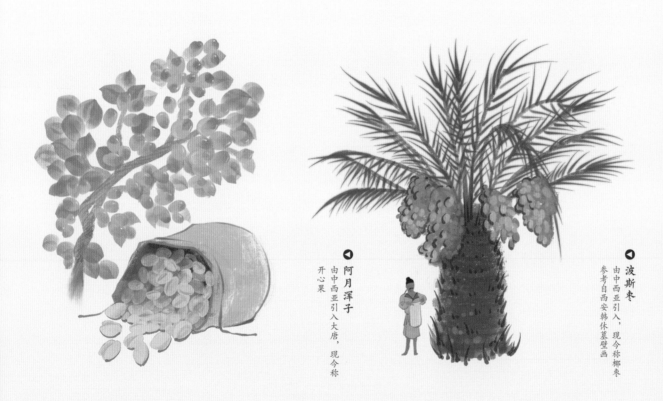

阿月浑子
由中西亚引入大唐，现今称
开心果

波斯枣
由中西亚引入，现今称椰枣
参考自西安韩休墓壁画

异域果品

唐人能吃到域外传来的果品。广州司马刘恂亲口尝过中亚的干椰枣，"色类沙糖，皮肉软烂。饵之，乃火炼水蒸之味也"。岭南甚至移栽了椰枣树，树高三四十尺，三五年结果一次，是唐代少见的"进口水果"。

阿月浑子就是今天年货必备的"开心果"，唐人也叫它"胡榛子"。一望而知，这也是来自西域诸国的果品。它原产于伊朗、伊拉克一带，由西域番商带入唐土。唐人认为阿月浑子能治体虚、祛冷气，对人体有益，晚唐时便在岭南地区引种了这种美味的坚果。

◀ 绿蔬

汤菘、茄、芦菔、波薐等是唐人餐桌上常见蔬菜，波薐今称菠菜

菘"、根部膨大的"白菘"等可供入馔。

萝卜又称芦菔。唐人不断选育块根更大更美味的品种，使得萝卜在唐代的地位不断上升。萝卜可以腌渍做成"芦菔鲊"，刘禹锡曾将自家的芦菔鲊送与白居易换茶；也可以捣烂混入面粉中做成馎饦，或者下油锅煎炸。萝卜既是美食，也是养生药膳。

园中蔬食

唐人将野油菜中叶大肉厚的品种选育成菘菜，也就是今天的百菜之王——白菜。《新修本草》中说："菜中有菘，最为恒食，性和利人，无余逆忤，令人多食。"有叶厚味甘的"牛肚菘"、叶薄微苦的"紫

培育菌菇

蔬菜栽种技术在不断进步，除了传统园圃蔬菜以外，唐人还学会了种蘑菇。《山居要术》中有人工堆肥培育真菌的详细记载："取烂构木及叶，于地下埋之。尝以米泔浇

之令湿，两三日后即生。炒脯食之甚美。"唐人掌握了暖湿条件对真菌的催生作用。这是历史上人工培育真菌最早的记录。

▶ 菌菇

唐朝已有人工栽培食用菌的技术，是我国蔬菜生产取得的重大成就

一骑红尘妃子笑

蜜饯花食

荔枝是唐朝水果中的"天王巨星"。张九龄盛赞曰："味特甘滋，百果之中，无一可比。"荔枝鲜果难以保存，杨贵妃嗜食新鲜荔枝，便有了"一骑红尘妃子笑，无人知是荔枝来"。唐人会将新采下的荔枝用盐渍存放在银瓶中留以待客，或用糖蜜煎煮鲜果做成蜜饯。

鲜花也能在唐人妙手中变成风流的美食。南方一度流行桃花饭，采春日鲜花，揉出花汁浸染白米，蒸熟食用，蒸成的米饭粉嫩如三月桃花，娇美可爱。松花、杨花亦可煮饭熬粥，将时令纳入碗中品尝。有酒自然不可无花，唐代有菊酒、桂酒，唐宪宗还曾赐宰相李绛"酴醾酒"。金杯玉液，花香袭人。

花馔　　　　　　　　　　　　果馔　　　　　　　　　　　　蜜饯

鲜果不易保存，于是诞生了腌渍水果

点心

日常美食自然少不了甜点与小食，唐人在"酪"和"点心"上巧思极多。

"食肉饮酪"曾经是北方游牧民族的饮食特征。南北朝时，北方饮食文化逐渐进入中原，再加上唐朝统治者李氏家族本就具有北国血统，乳制品大行其道也就不足为奇了。唐人将乳制品称为"酪"或"乳"，认为它美味且滋补，是一种珍贵的食材。在乳酪中加入糖蜜，能做出许多诱人的甜品。

酷暑让甜品、饮料变得更加诱人。唐人已经学会在冬日挖深窖贮藏冰块，夏天用来制作冷饮。这种藏冰方式费钱费力，只有少部分富人才用得起。"酪"与"冰"相结合制成的唐代版"冰激凌"自然也就成了最奢侈时尚的甜品。

面食也不局限于主食领域，除了饱腹充饥以外，还出现了许多美味的面点小吃。在宴会欣赏歌舞的间隙，在与朋友小聚畅谈的午后，拈一枚送入口中，给三餐之余增加了许多乐趣。

◀ 香浮酥酪如脂滑
参考自陕西历史博物馆藏鸳鸯莲瓣纹金碗

酪

一种发源于草原的乳制品，通常搭配时令水果一起食用

参考自日本奈良正仓院藏琉璃杯

酥山

用融化的奶酥做出盆景般的造型，再放入冰窖冷藏，堪称唐朝的"冰激凌"

参考自乾陵章怀太子墓壁画

酪乳

　　樱桃是雪融春至时第一批上市的鲜果，在众多水果中，格外受到唐人的偏爱。樱桃娇贵，产量不多，只有王公大臣才能尝鲜享受。皇帝常赐臣下樱桃以示恩宠；宰相重臣用樱桃、新笋制作"樱笋宴"夸耀权势；新科进士的及第宴也叫"樱桃宴"。新樱桃甜中带酸，唐人喜欢用加了糖的厚乳酪搅拌，或是"盛以琉璃，和以杏酪"，入口甜香，是早春的奢侈享受。

酥山

　　唐诗中有"暖金盘里点酥山"，"酥山"是什么呢？《大般涅槃经》云："从牛出乳，从乳出酪，从酪出生酥，从生酥出熟酥，从熟酥出醍醐，醍醐最上。"牛奶的精华就是"酥"，其主要的原材料是奶油及酥油，有遇热融化，遇冷凝固的特性。唐人用手捞取液体酥油，向冷却好的金盘上滴淋，等下层遇冷固化后再继续淋，逐渐做成高低起伏的山峰状，并在山间插花叶装饰，造型精巧奇特，入口即化。

宴会小食

宰相韦巨源的烧尾食单中有一种点心叫"金银夹花平截"。"金银"指其中所用的馅料，金色的蟹黄和莹白的蟹肉；"夹花"指工艺，将蟹黄、蟹肉馅料夹在面皮夹层中蒸制；"平截"指摆盘献客时的状态，蒸卷要切成段状，露出黄白相间的平整截面。

又比如"婆罗门轻高面"，是一种蒸制的面食。从字面来看，大约是一种发酵后蒸制成的松软面食。"七返糕"是夹馅反复折叠七次蒸成的花糕。还有油炸成的空心圆球状"焦䭔"，等等。在糕点面食上，唐人充满了创造力。

金银夹花平截
一种蟹黄、蟹肉结合的咸鲜小食，形似烧卖

婆罗门轻高面
可能源于印度的一种发酵小食，形似现在的千层糕

茶酒

盏中茶，杯中酒。茶与酒足以脱离单纯的"饮料"地位，独享人们的赞美。

饮茶习俗在唐代正式风行于大江南北，茶成为家家户户必不可少的生活必需品，宋人俗语"柴米油盐酱醋茶"源自唐代。当时，人们开始人工栽培、选育优质茶树，产区遍布五湖四海，江南、中原、川蜀、两广、云贵都有名茶产出。最有名的"蒙顶石花"产自四川雅安，"顾渚紫笋"产自浙江湖州，每年择新茶中质量最为上乘者贡入京中，备受王公贵族的青睐。陆羽的《茶经》中提到唐朝的茶叶加工成品有粗茶、散茶、末茶、饼茶几种。粗茶、末茶质量较差，价格低廉；散茶类似今天的绿茶，采新叶蒸、炒、晒而成，清香素雅；饼茶最为讲究，要"采之、蒸之、捣之、拍之、焙之、穿之、封之"，采摘蒸透，捣烂塑形，焙干穿好，收藏起来，才算完成。饮用时先将茶叶碾成粉，再加入盐、胡椒、陈皮、茱萸、葱、姜、枣进行调味，用沸水冲开搅匀，与现代的品茶方式完全不同。域外各少数民族也渐渐学会了饮茶，茶叶开始从中土走向西域。

酒可以分成谷物酒、果酒和配制酒三种。浊酒发酵迅速，制作简单，是谷物酒中的主流。它入口甜蜜，酒精度很低，因此李白才能"会须一饮三百杯"。酒中混有酒糟，远看像是浮着一层小虫，白居易所谓"绿蚁新醅酒"就是指家酿的浊酒。果酒中最负盛名的当然是"葡萄美酒夜光杯"，唐人开始试着在中原复制西域佳酿，河东太原很快以葡萄酒闻名。配制酒即药酒，在米酒中泡入药材、香料，希望能强身去病。孙思邈著作《千金方》中列有桂心酒、五加酒、丹参酒、地黄酒、钟乳酒、枸杞菖蒲酒等四十余种药酒的配方。元旦饮屠苏酒，重阳饮菊花茱萸酒，许多药酒还是节日的标志。

茶汤

　　唐代主流饮茶模式是"茶汤"。烘烤茶饼，碾成碎末，筛后投入沸水中搅打均匀，舀出分尝。沸水中加有盐、姜、橘皮等调味品，更像是一味羹。后借遣唐使、留学僧人之手传入日本，最终定型为今日的日本茶道文化。

◀ 佛教与茶道
僧侣们经常以茶汤醒神，而留学僧们也将茶文化带去了他国生根

唐朝煎茶步骤

参考自扶风县法门寺出土茶具，陆羽.茶经[M].北京：中华书局，2010.

㊂ 筛细茶粉

㊁ 碎茶碾茶

㊀ 炙烤茶饼

㊅ 分茶品茗

㊄ 温汤慢煮

㊃ 盐姜调味

饮子

　　"饮子"指的是用药材、香料等煮制成的花式饮品或鲜果制成的果汁。自隋代起，宫中便有了五色饮、五香饮。唐代继承并继续发展杂饮，用馨香扑鼻的草药、香料或是甘美多汁的水果煎煮成汤，用以解渴。

如扶芳饮、乌梅饮、姜桂饮、葡萄浆、桃浆、杏酪、蔗浆等。"饮子"不仅味美，还有一定的保健功能，"有味而止渴，兼于补益"。端杯轻呷，口齿生香，集风雅与食疗于一体。

唐人饮子

一种甜饮品，常见的有乌梅饮、五香饮、丁香饮等

美酒

　　葡萄酒是西域文化的代表要素。边塞地区的军人遇事必痛饮葡萄酒，看到葡萄美酒便会引起唐人对凉州军营、胡国异域的无穷遐思。唐太宗击溃高昌后将葡萄引入内地，同时引入了葡萄酒的酿制方法。不需借助唐人熟悉的"曲"，只要捣碎葡萄静置就能发酵成酒，成品色泽鲜红诱人，香味浓烈，引种成功后代代引为贡品。

　　除此之外还有一种法出波斯的"三勒浆"，用庵摩勒、毗梨勒、诃梨勒三种来自域外的果实酿制而成。酿制时把果实捣碎，加水和蜂蜜一同拌匀，发酵三十日即可以开坛饮用。这三种果实能消食下气、强身健体、温补中气、酿成酒后"味至甜美，饮之醉人"，既能补身，又能供微醺之乐。

◀ 三勒浆原料

胡姬酒肆
唐朝酒文化的特色标签，由胡商发起，引无数文人骚客折腰

葡萄美酒
高昌葡萄酒制作现场
参考自［日］陈舜臣．西域余闻［M］．桂林：广西师范大学出版社，2009．

闲居

雨湿轻尘隔院香，玉人初著白衣裳。

半含惆怅闲看绣，一朵梨花压象床。

藕丝衫子柳花裙，空著沉香慢火熏。

闲倚屏风笑周昉，枉抛心力画朝云。

—— 《白衣裳二首》元稹

宫闱

唐承隋风，帝王宫阙高大宽广，以巍峨壮丽为美。长安城中有太极宫、大明宫、兴庆宫三处大型宫殿供帝王百官使用。太极宫位于城北，兴于初唐；大明宫与太极宫相接，建于高宗李治之手；兴庆宫由玄宗李隆基旧邸改建而来，夹道直通曲江池畔。三座宫殿之中，大明宫使用时间最长，它启用于龙朔三年，毁于光启二年，在二百二十余年的岁月里，始终是唐人心中的皇权象征，也是政治的中心。

俯瞰大明宫旧址，在正中有一处倒"凹"字形的遗迹，这里就是大明宫的中心——含元殿。大明宫由五处建筑构成，正中的含元殿位于龙首山上，离地十余米，殿阔十一间，东西五百步，殿前有长达七十五米的"龙尾道"，拾级而上时仰望正殿，犹如处在云霄。左右有鼓楼、钟楼，前方有栖凤阁、翔鸾阁，楼阁间用回廊相连。五处建筑向左右延伸，形如凤凰徐徐展翅，因此被称为"五凤楼"。这种结构后世逐渐演变为皇城宫门的标准模板。

含元殿既是宫门，也是正殿。在它的后方有宣政殿、紫宸殿两处大型宫阙，层层纵深递进，形成了皇城经典的"三大殿"式布局。位于最前方的含元殿相当于宫城的入口，有着区分内廷与外朝的作用。同时它也是举办大型朝会及国事活动的最佳场所，是彰显皇权的展示台。每年冬至及元日，文武百官要齐聚含元殿，向皇帝献酒朝贺，举行大朝会；皇帝生辰、册立太子、纳后妃、公主出嫁、册封尊号，以及改元之时，都要在含元殿举行国宴；贡举人入京赴试时，皇帝会在含元殿召见并勉励考生。一座含元殿见证了数百年朝堂政事，凝结成了一幕盛唐的缩影。

御帐

　　唐代贵人坐卧之处必设帐具，顶盖高悬于座位上方，帷幕垂挂四周，用于遮挡旁人的视线，可在重要的场合衬托坐卧之人尊贵的身份。帐与坐榻为分体式，坐榻使用壶门式床或高座，抬高坐者的位置展现威严。床榻四角处插入帐柱，用于固定华丽的帐幄，帐顶为平顶，四周垂帘用系带挽束，帐后另设围屏等物。

御帐
参考自傅芸子. 正仓院考古记[M]. 上海：上海书画出版社，2014.
西安碑林博物馆藏李寿墓棺椁线刻

95

步辇
参考自故宫博物院藏《步辇图》、莫高窟三百二十三窟壁画

步辇

　　皇帝在宫中大多以辇代步。辇原本下方装有车轮，可以由马或人牵引。汉魏时下方的车轮消失，在前后加装长杆，改为以人力肩扛步行，也就是"步辇"。从唐代壁画中可以看到，皇帝在宫中乘坐的步辇很像后世的轿子，中间为辇身，上有顶盖，形似亭子，前后有四人或八人分两组肩扛手提。负责抬行的宫女、侍从的脖子上还挂有襻带，这样辇在行动之间就更加稳定舒适了。

明堂

　　垂拱三年，武则天力排众议，将祖制建于南郊的明堂改建在皇城之中，主张舍弃成规，要建一座如则天女皇一样前无古人、后无来者的宏伟建筑。次年落成的新明堂高达二百九十四尺，长宽各三百尺，按一唐尺约等于三十厘米计算，相当于高八十八点二米，边长九十米，坐落于八角形基座之上，共三层，尖顶立有金凤为装饰。建筑下层平面为正方形，用于召开朝会大典使用；中层为十二边形，象征十二时辰；上层为二十四边形，象征二十四节气，用于祭祀初唐三帝。明堂又号"万象神宫"，象征着武则天君临天下的权势与威望。

神都明堂
参考自清华大学肖金亮木制复原模型

97

贵妃闻香
参考自陕西历史博物馆藏飞鸟葡萄纹银熏球

奇巧球香囊
参考自陕西历史博物馆，北京大学考古文博学院，北京大学震旦古代文明研究中心.
花舞大唐春——何家村遗宝精粹[M].北京：文物出版社，2003.

香囊

　　唐代盛行一种由金银制成的球形香囊，何家村出土的葡萄花鸟纹银香囊便是其中翘楚。最外层是镂空纹样的银片，一侧用铰链固定，另一侧可以自由开合。内部有两重持平环，可以随着重心变化自由转动，保证中心的焚香盂始终水平，不至倾倒。可以随身佩戴，也可以挂在车中、帐中使用。安史之乱后，玄宗遣人至马嵬坡为贵妃改葬，冢中衣消骨烂，只有香囊完好如初，余香不绝。

宠物

　　唐代宫廷之中十分盛行饲养宠物，鹦鹉、仙鹤、狗、猫、鹰隼、马、象、犀牛等来自域外或各州县的动物装点着帝王与后妃的生活。高昌国曾向大唐贡入一对体型娇小的黑白卷毛狗，因原产自拂菻（东罗马）而得名"拂菻犬"，又称猧子，深得贵人喜爱。杨贵妃经常抱着小狗静观玄宗与人对弈，眼看情形不妙便示意小狗跳上桌去打乱棋盘。宫中还有一只来自岭南的白鹦鹉，也能这样为主人"出头"，宫中叫它"雪衣女"，经常教它背诵诗文经书，任其自由飞翔嬉戏。

◀ 玄宗戏鹦鹉

▲ 皇家爱宠

储冰消暑

　　唐人对冬季储冰、夏季消暑有一套完整的流程。每年凛冬从郊外蓝田县东南冰池凿取坚冰，祭祀司寒神后纳入库中保存。取冰由采冰户负责，每年按敕令统一凿取上交，上林署每年要纳入一千块宽三尺、厚一尺五寸的冰块。冰块可装入铜制冰鉴中变成"冰箱"，给食物降温保鲜；也可以装在镂空的冰鉴中冷却空气，变成古法"空调"。宫中常在夏日向臣子颁赐冰块用于避暑，也可以用冰块加工出像"清风饭"（冰镇的牛奶粥）这样的消夏美食。

吏人凿冰

100

参考自《宣和博古图》
唐人冰鉴

冰室

宅院

唐代贵族豪商住的"豪宅"有多奢侈？透过古书中的只言片语，便能窥探到那个风流奢靡王朝的掠影。

唐初时民宅与官邸并无太大区别，《营缮令》中对官员至平民的房屋规格有着非常严格的限制。到了高宗即位，武周临朝之时，贵族及官员手中拥有大量富余的钱财，人们开始争相修建豪华的宅邸，建造技术日新月异，达到了极高的水平。御史王铁家有"自雨亭子"，命人在亭顶浇清水，水沿四角飞檐奔流而下，盛夏端坐其中，清凉如秋。虢国夫人强占宰相韦氏旧宅后改建的中堂坚固无比，暴风雨时被倒下的巨木砸中，竟毫发无损。宗楚客家用文柏做屋梁，涂抹墙面时事先混入了沉香粉末，门扇开启便香气袭人，地面用磨光的文石铺成，穿靴行走其上甚至会频频滑倒。有的宅邸大到可以修筑球场、马场，球场用油淋地筑成，光滑坚固，打马如飞也不见烟尘。

高门大户的豪宅通常为四合院结构，四周有高耸坚固的围墙环绕，内部有四进、六进、八进等多重院落，各支子弟分院落居住。院落之间辟有花园，满植奇花异草，如唐人最爱的牡丹、紫藤、樱桃等。

门前的装饰也揭示了这户人家的社会地位。有的人家在厅前设有可遮蔽视线的门栏，门前柱上安有一对墨染瓦筒，门外另筑高台成排植树，这叫"厅事步栏""屏树乌头"，是朝廷表彰孝义之家的特殊待遇。高官门前有用红漆木条交叉钉成的"行马"阻拦行人，三品以上可在门前竖戟表明官位。身份与财力都通过家宅一览无余地体现出来。

几案

在桌椅尚未出现的唐代，几案是日用生活不可缺少的载具。它的面板更宽，下方有两足支撑，可用于读书办公，挥毫泼墨。上元二年王勃在滕王阁引纸疾书千古名篇《滕王阁序》时，所用的正是这样的几案。为求平稳，案板由几根曲栅组成的"栅足"支撑，受力均匀；案板两侧为防物品滚落，还带有向上延展的翘头。使用时，可将几案直接摆放在作为坐具的床榻之上，也可以放置在铺陈了地毯的地面上。矮型几案高三十三至三十六厘米，适合席地盘坐；还有一种双足加长的高型几案，约有半人高，可放在地上与高座配套使用。

倚案神思
参考自岳阳市桃花山唐墓
出土栅足案

月牙凳

月牙凳又称"腰凳"。顾名思义，它的凳面是如月牙一般略向内弯曲。凳面下设有四足，两两相对向内微收，壶门式的设计与凳面的曲线相得益彰。凳腿与凳面边缘可以雕刻花纹，凳腿本身也可以做成上下粗中间细的束腰曲线，稳重端庄又不失优雅。从传世绘画中可以看到，月牙凳的高度接近今天的矮凳，坐在凳上两足自然着地，还可以轻松地抬起一条腿搭在凳上，半踩半坐。这一设计充满了女性柔美的魅力，多为宫廷豪门之中贵族女性小憩时使用。

凭几·麈尾扇·香狮子

　　在唐代，绝大多数人席地而坐，平地坐卧时倚靠几案更为舒适。在较为严肃的场合，唐人会将凭几放在身前，双足隐在几下，上身前倾，肘部支在几上，因此也叫"隐几"。如果是较私人的场合，那么可以将凭几放在身侧，单肘支几，斜靠谈笑，轻松自在。陈子昂年轻时想必也曾这样凭几执扇，与同窗好友论经谈典。他手中的扇子是自魏晋以来格外受文人名士喜爱的"麈尾扇"，"麈"是一种鹿类，传说鹿群会跟随麈的尾巴奔走，因此用麈尾或马尾制成的扇子就有了"领袖群伦"的象征意义。狮形香炉是唐代十分常见的香具，狮子的形象随佛教经典一同传入中土，一方面象征着释迦牟尼的威能，一方面不怒自威的姿态又切合了皇权的威严。

熏香小酌
参考自傅芸子. 正仓院考古记 [M].
上海：上海书画出版社，2014.
西安碑林博物馆藏李寿墓棺椁线刻

106

长柄扇

早在汉代，绢罗绷成的纨扇就已是仕女消夏不可缺少的道具了。隋唐五代时期，纨扇的形态不断丰富，除了象征团圆的经典圆形扇面以外，又多出了椭圆形、方圆结合、六角、梅花、葵形等多种扇面造型。扇柄的花样也不少，有长有短，木、竹、骨、角都可以用来制作扇柄。短柄团扇的扇柄长度大约与扇面相同，仕女纤手执扇，或扇或掩面；长柄团扇则要比短柄长若干倍，扇面也更阔大，足有半人到一人高。晚唐歌伎杜秋娘被籍没入宫时，也许正是为宪宗轻摇长扇，唱了那首凄婉的《金缕衣》吧。

拈花愁思

参考自敦煌莫高窟四百六十八窟壁画

挥墨画屏

画屏

　　屏风也是唐人生活中必备的单品，上至王公贵族，下至士庶百姓，家家都有陈设，既是遮挡寒风的实用家具，也是装点房间的装饰品。最常见的尺寸是"六合屏"，六扇相连，可以自由开合。再大一些的可达十余扇，更小的插屏则可固定在床榻上使用，丰俭由人，十分便利。最简单的屏风是竹木为架、白纸糊成的素屏，如无法购买金、银、水晶等材料的昂贵屏风，也可以选择在素屏上题诗绘画。大诗人王维不仅善诗，也善绘画，他受禅宗惠能的启发，开创了南宗清新淡雅的绘画风格，他家中也许就有自己挥毫画成的联屏巨作。

暖具

　　唐人夏末秋初的一个重要待办事项就是
修整火炉，以待严冬。每年农历九月，各家
造火炉，备薪炭，只等十月初一开炉取暖。
唐代的泥瓦匠能建造"暖房"，将加热用的
炉膛设置在地基下方，垒墙时留出烟道，
如此一来，点火时全屋暖若阳春。不能用全
屋地暖的地方可用地炉或炭盆，烧炭取暖。
《开元天宝遗事》中记载了杨国忠家冬日烧
的"凤凰炭"，先用白檀木屑铺陈炉底，再
用细细的炭屑加蜂蜜捏成凤形，投入炉中点
燃取暖。

◀ 雪落青竹

◀ 炭炉取暖

109

闺房

虽然与其他时代相比,唐朝女子有着更为丰富自由的生活,但大多数时间她们的活动范围仍然被限定在深宅中精心布置的闺房居室之内。晚唐五代词人在《花间集》中描绘的仕女闺阁幽深富丽,渲染着女主人的情绪与愁思。

女子闺房之中层层重帘,处处叠帐,视线与空间被不断切割,营造出封闭神秘的氛围。卧室中设坐卧两用的壶门床,是日常活动的中心。床榻四周围以屏风,帐柱从四角

向上延伸,用柔软轻薄的织物制成的帐幄覆盖在床顶支架上方。帐沿可以另用波浪形帷幔装点,也可以缝上一圈飘带,另加七宝装饰,使其随风自然飘动。

闺房中的各种点缀更不可少。床榻上先铺一层用青竹或芦苇编成的席或簟,豪富之家的席簟更加奢侈,用犀角、象牙切片编成。席上再设茵褥,用柔软的毛料织成,坐卧舒适惬意;若是铺在地上就成了"地衣",冬日赤足也不觉寒冷。床脚设

香炉,珍贵的白檀麝香等在炉中徐徐化作青烟。梳妆所用的铜镜妆奁等物更体现了主人的巧思,金银平脱、反复髹漆、宝石象牙装点其上,如此才配得上那些富丽精致的钗钿首饰。

水晶帘、紫绡帐、金带枕、鸳鸯衾,昼寝方醒,罗衫半褪,半明半暗的闺房袅绕着淡淡的香气,勾勒出一幅晚唐女子闺房深深、屏幄重重,清冷富贵中透着一丝寂寞慵懒的画面。

美人绣床

唐朝关于"床"的概念相当广泛，包含了坐具、卧具等。贵族们的床榻常常装饰华美，围着精美的床帷或矮屏，既赏心悦目，又营造了绝佳的私人空间

参考自敦煌莫高窟十二窟壁画

绣床

宽阔的房室在白昼固然使人觉得明亮舒适，到了夜晚却有些孤寂凄清，因此利用屏风来分割空间就变得至关重要。大型落地屏风可以将室内空间按起居、会客重新分配；床边设有插口，几扇用金属铰链连接的屏风插在床围，就凭空拦出了一方小小天地，为懒卧榻上的美人遮风挡光，既可保暖又能遮挡视线。屏风画面有山水、美人、历代贤臣烈女、名家诗文等。屏风框架经常用到玳瑁、水晶、犀角、珍珠等名贵材料，因此一副精美的卧榻屏风也彰显了主人的富贵奢华，是唐代贵族女子的闺中必备。

竹夫人·隐囊·绢花

　　唐人在坐卧之时还会用到一种叫作"隐囊"的卧具。它恰如今天的抱枕，外层由丝织物缝制而成，有半人高，两端收口，用莲瓣纹装饰。内部填充纤维、织物，或是糠皮一类柔软的材料，倚靠起来比坚硬的凭几舒服许多。夏日为解酷暑，唐人还有一样清凉抱枕，古书中称为"竹夫人"或"夹膝"。青竹劈成竹篾，再编成网状圆筒形的卧具，抱着它入睡能借竹皮的凉意祛暑消夏。夏日苦闷，鲜花插瓶也难持久，唐人想出了绢花、纸花等像生花作为点缀。宫中在早春之际会大量制作绢花，系在尚未发芽的草木枝头，人工营造出一片绚烂的春色。因鲜花过于娇嫩，插戴不便，《簪花仕女图》中头戴牡丹的仕女用的大约也是绢花。

夏日闲卧
参考自上海博物馆藏《高逸图》、龙门石窟宾阳中洞石刻、新疆吐鲁番阿斯塔纳唐墓出土绢花、西安碑林博物馆藏李寿墓棺椁线刻，唐朝诗人陆龟蒙所作《竹夹膝》

刺绣

　　唐代丝织业发展迅速，兼逢中西方文化顺着丝绸之路激烈碰撞，产生了大量新的染织刺绣技法与题材。唐人不仅能用戗针、套针技法绣出花瓣渐变的晕染效果，还在织物中大量采用金线代替普通丝线，发展出了钉金绣、蹙金绣等华美奢侈的技法。除了衣衫裙裤、香囊包裹一类的日常用品需要刺绣装饰以外，唐人还以无比的热情开始刺绣佛像、经幡、袈裟等与佛教文化息息相关的主题。

◀ 针绣鸳鸯

女红绣架

参考自故宫博物院藏《挥扇仕女图》

对镜梳妆

铜镜

    唐代是铜镜文化最为璀璨的时代之一,人们常以铜镜互赠,甚至玄宗都会在生日时向百官赐镜。铸镜工艺不断进步,设计与纹样吸收了域外文化的养分,衍生出了大量工艺精美绝伦的传世之作。外形上摆脱了千篇一律的圆形轮廓,流行起菱形、葵形、弧边等新颖的镜形。镜背纹饰主题日益包罗万象,除了传统的四神镜、生肖镜,还出现了表现历史典故的故事镜,采用域外图案的海兽葡萄镜、宝相花镜等。当时人们认为端午节取扬子江心水淬火铸成的铜镜阳气最盛,质量最佳。

    当普通的铜镜不能再满足人们的审美需求和猎奇心理时,工艺更为特殊华美的镜子就登场了。唐人用螺钿、金银、大漆等材料在镜背上做镶嵌,鎏金的装饰,缔造了一段灿烂辉煌的铜镜艺术史。今天日本奈良东大寺正仓院中,还珍藏着数面来自大唐的精美铜镜。这些镜子采用的是金银平脱技法，也就是先将金银薄片裁剪、镂刻成藤蔓、花草、飞鸟的形状，粘贴在镜背上，用树脂大漆平铺覆盖，之后打磨涂层，露出金银花片，是唐朝极具代表性的一种平面装饰技法。

◀ **平脱工艺铜镜**
参考自浙江省博物馆藏葵花形金银
平脱雀鸟花卉祥云纹镜

◀ **熨衣**
参考自美国波士顿博物馆藏《捣练图》

117

园林

园林文化萌芽于商周，成长于秦汉，成熟于唐宋。唐朝的园林既有两汉的壮阔，也有魏晋的自然。文人士子将园林视为退出仕途后归隐田园的寄托，在其中融入了大量自身的审美情趣，追求山川景色的写意化、文人化，对后世的园林文化发展有着重大影响。

皇家的别苑离宫也是一种园林，像长安禁苑、曲江池、芙蓉园、华清池等都是如此。皇家园林占地广阔，规模宏大，像长安禁苑方圆足有一百二十里，包括二十四处宫殿建筑群，各处点缀池沼水域，内有梨园、葡萄园、桃园。皇帝常在这里召集臣子举行宴会，赏花饮酒。园林中遍植从全国各地收集而来的奇花异草，放养了狐狸、兔子、麋鹿等动物增加野趣，还设有球场可供跑马打球。

私人园林追求"壶中天地""纳须弥于芥子"，将隐逸山林的梦想投射在庭院之中。或在城中宅院内掘池堆石，植树移花，人为安排出一方小天地自娱；或在城郊选风景秀美之处圈地引水，于林泉自然间修筑几处屋舍为点缀，玩味与山水合为一体的境界。

王维辞官后在辋川修筑别苑，与三五好友诗酒自娱，终老于山水之间。他在辽阔的天然山水间分区修整庭院楼阁，临水搭建船坞，造成文杏馆、辛夷坞、临湖亭等二十景，并将山水融入诗作之中，成就了他"诗中有画，画中有诗"的艺术境界。

大诗人白居易在洛阳城内外修筑了履道里园，引伊水入园，伊水曲折环绕园内，成为连接各景的纽带。园内有杭州的天竺石、苏州的太湖石、白莲青菱、白鹤玄龟，把一生任职各地的岁月都浓缩进了这一方小天地之中。诗人自谓："十亩之宅，五亩之园。有水一池，有竹千竿。勿谓土狭，勿谓地偏。足以容膝，足以息肩。"

餐具

唐人喜好游玩宴饮，常在园林庭院中铺设茵席，摆出佳肴美酒，与好友同赏绿树琼花，山水风光。宴饮中所用的餐具自然不能马虎，金盘银碗，青瓷如玉，让园林山水中的宴席也成了一幕绚丽的风景。游宴中使用的餐具有用于盛放食物、饮料的碗、盘、杯、罐，有用于盛取食物的箸、匙；广义上来说，搬运食物及食器的盘盒也是餐具的一种。

陶瓷制成的餐具最为主流，南方越窑能出产如绿玉般的青瓷，北方邢窑的白瓷白若冰雪，将黄、绿、蓝、褐、白几种釉药用在同一件瓷器上，就能烧出色彩斑斓的"唐三彩"。贵人相信用金银打造成的碗碟用餐，可以延年益寿，因此唐代使用金银碗盘的风气十分盛行。金银碗盘易于加工，可以使用镂刻、镶嵌等技法，唐工匠吸收异域器皿的造型和纹样风格，创造出了划时代的唐代金银器艺术。

琉璃器

发掘法门寺地宫时，考古人员从地下找到了一套颇具伊斯兰风格的琉璃器皿，无独有偶，日本正仓院藏品之中也有六件风格、年代近似的琉璃器皿。此时的"琉璃"指的是现代的玻璃，技法发源自西域，顺丝绸之路传入我国。这件法门寺枫叶纹描金蓝玻璃盘，大约是一件珍贵的"进口商品"，通体为剔透的蓝色，冷却成型后在盘面上雕刻了大量花叶与几何图案，再描以金粉，伊朗高原曾出土过工艺十分类似的残片。正仓院的圈纹蓝琉璃杯同样也是"进口货"，琉璃杯身出自伊朗，杯身下的银质高足是唐代制品，两者合二为一之后再随船远渡东瀛。不知当年大明宫中是否曾用这样的琉璃金盘盛过佳肴，杯中可曾斟满过葡萄美酒，想必它们曾给唐人的游宴增添过不少异域风情。

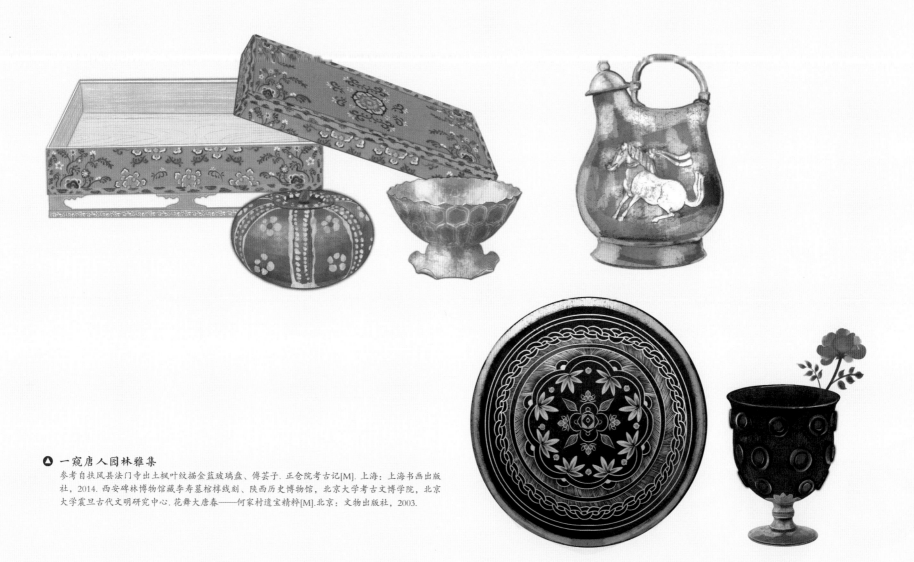

▲ 一窥唐人园林雅集

参考自扶风县法门寺出土枫叶纹描金蓝玻璃盘、傅芸子. 正仓院考古记[M]. 上海：上海书画出版社, 2014. 西安碑林博物馆藏李寿墓棺椁线刻、陕西历史博物馆，北京大学考古文博学院，北京大学震旦古代文明研究中心. 花舞大唐春——何家村遗宝精粹[M]. 北京：文物出版社, 2003.

移春槛

"山不来就我，我便去就山。"如果位高权重，事务繁忙，无暇前去城外园中欣赏满园春色，该如何是好？《开元天宝遗事》中记录了一个完美的解决办法。杨国忠权势鼎盛之时，族中子弟每逢春日便造一辆木车，名为"移春槛"，将各种奇花异草连土栽于其上，命人牵着这座"移动花园"随行。如此一来，杨国忠无论身在何方，举目望去，总有一片春光伴随左右。

假山奇石·地毯·园林植物

园林是一处微缩的"天地"，其中山水环绕，自成天地。水可外引，山以石成，因此在白居易等一众文人雅士带领下，赏玩奇石在唐代蔚然成风，其中最为人所看重的便是现在的园林奇石之首——太湖石。白居易称赞太湖石"三山五岳，尽在其中，百仞一拳，潜力一

瞬，坐而得之"，从"奇形怪状"的石头中看出了山岳的气象。很快，太湖石便收获了更多推崇者，"叠石为山"的造景手法日趋成熟，并成了后世园林文化不可或缺的组成部分。

唐人习惯席地而坐，铺垫所用的材料便也成了十分重要的家具陈设。一般使用能隔寒吸潮的茵褥，其用蚕丝、兽毛等材料编织而成，表面可织出复杂的图案。宫中或富贵之家有财力可另铺"地衣"，即用蚕丝染色织造而成的厚毯。"一丈毯，千两丝"，地衣细密到需要百人共抬，踩上时脚会没入柔软的织物之中，四角用金狮香炉压住，防止起皱移位。丝毯金狮，佳人纤纤，这样奢侈的用具注定只能为少数人享受。

花草是园林的骨肉，融合了园主人的情趣志向，往往要四处求访，百般收罗，修剪维护，才能培养成最为心仪的模样。常见的树木有松树、柳树、楠木、柏树等，花卉则有芙蓉、木莲、梅花、牡丹等，如今最常见的蔷薇在唐朝也是观赏花卉。在文人眼中，蔷薇这种在任何地方都能蓬勃生长的植物具有无惧逆境的品格，花虽艳丽娇柔，但一身尖刺恰是傲骨的证明。

佛寺

佛教文化在唐代迎来了全盛时期，长安与洛阳城中兴建起了数座天下闻名的大寺院，其雄伟壮丽可与皇宫媲美。慈恩寺共有屋舍一千八百九十间，玄奘法师在这里译出了千余部经论典籍；城外章敬寺规模更为庞大，有四千一百三十间屋舍，建筑时甚至不惜拆毁曲江亭馆和华清宫观楼来筹集木料。开元末年，全国有寺院五千三百五十八所，仅长安城内就有大小寺院几十所之多。上自王公贵族，下至官员豪商，都以舍宅建寺、造佛修像为功德，甚至催生出铸造佛像、抄写经书等职业。

寺院本是供奉安置佛舍利、存放经典与供佛法器的建筑，将中国的庭院式布局与天竺的浮屠宝塔相结合，形成"寺塔"结构。寺院围墙高耸，将喧嚣浮躁的外界尘世与清净庄严的内部净地一分为二。殿舍整体坐北朝南，沿中轴线排布：入口处设山门殿；其后是天王殿，晨钟暮鼓，两侧设有钟楼、鼓楼；第三进的大雄宝殿最为雄伟，用于供奉释迦尊像，也是寺院的核心所在，两侧另建东西配殿；再后方是法堂；最后方为藏经阁；除此之外还设有僧众生活起居所需的僧房、厨房、库房、食堂等。

寺院不仅是僧众礼佛修行的处所，也是一般民众喜闻乐见的游览胜地。上元节、浴佛节、盂兰盆节等节庆活动都在寺中举行，城中男女老幼可一同借佛寺来欢庆节日。平日里寺院常举行"俗讲"，也就是将艰深难懂的佛经内容改成直白有趣的白话，配合钟鼓钹磬奏出的乐曲，用半讲半唱的形式向大众宣讲传道，是市井民众最爱的娱乐之一。寺院在唐代是宗教、娱乐、文化的中心。

遗存至今的圣像

参考自克利夫兰美术馆藏石雕观音立像、敦煌莫高窟四十五窟彩塑菩萨

佛像

依据佛经所言，修造佛像有大功德，因此唐人对建造佛像有着空前的热情，在民间也出现了专以造佛像为生的工匠。唐代的佛像种类繁多，有金银铸造而成的金铜佛，有用珍贵木料雕刻而成的木刻佛，还有木心泥塑加以彩绘的泥塑佛，开窟凿崖时铁锤钢钎敲打出了石佛，大漆与麻布可随意塑形做成夹纻漆像。大的佛像高数百尺，如乐山大佛一般高若山岳；小的端坐掌上，可以随身携带。很多佛像的内部还会留出空间，封入法器、经文、小佛像，注明建造人、建造时间及修造始末，将造佛人的巧思凝固、传承至今。

行炉

　　香炉是唐人生活中不可或缺的一部分，"行炉"又称"鹊尾香炉"或"柄香炉"，是专用于礼佛的法器。行炉有一条用于手持的宽带状炉柄，末端弯曲向上，与燃香用的高杯式炉身、炉座相连。炉柄手持部呈L形下折，分无装饰的"鹊尾"和有装饰的"镇柄"两种，镇柄形在炉柄尾部有狮子形、宝珠形、宝瓶形装饰。炉柄长约二十五厘米，方便执炉行香者把香炉收至身前，往炉座中投入香丸。唐代名相张九龄一生深受佛学影响，所谓"进于儒，退于道，逃于禅"，在政坛失意、急流勇退之后，他是不是也曾手持行炉，漫步佛寺，与禅宗高僧谈经说法呢。

◀ 礼佛狂热

参考自邛窑青釉褐彩柄香炉

静修禅坐
参考自敦煌莫高窟十二窟壁画

胡床

　　唐人惯用的坐具"床""榻"都过于笨重，不便搬动，轻便可动的"胡床""绳床"应运而生。绳床即是用绳绷紧扎成的床榻，最初主要在寺院使用，很快演变为大小仅供一人端坐的"椅子"。椅子多为木制或藤制，有靠背可以支撑人体，十分舒适。富贵人家会给椅子加上雕花镂刻，铺陈绫罗制成的靠背与茵席，使坐卧更加舒适惬意。鉴真东渡时将椅子带到了日本，如今在日本壬生寺与中国扬州文峰寺中安放的鉴真塑像便还原了他端坐于椅子上说法传道的姿态。

法门寺佛具

　　1970年，西安城郊何家村出土了一大批唐代金银器皿；1987年，考古人员对法门寺地宫进行抢救性考古发掘时，又从地宫中找到了盛装着真身佛骨舍利的八重宝函及大量法器茶具。这些制作精美的金银器皿大多与佛教文化关系密切。何家村出土的孔雀纹银方盒周身遍布錾刻花纹，正面两只相对而立的展翅孔雀，空白处环绕折纸花卉，形制与法门寺出土的经函十分相似。法门寺的八重宝函更是令人叹为观止，最内部是一座安放舍利的金塔，塔外层层套叠了金筐宝钿石函、金函、金

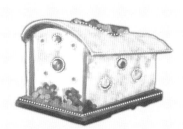

水晶椁

舍利棺

宝函

🔔 **佛门遗宝**

参考自扶风县法门寺出土佛骨舍利棺

陕西历史博物馆，北京大学考古文博学院，北京大学震旦古代文明研究中心.
花舞大唐春——何家村遗宝精粹 [M].北京：文物出版社，2003.

供养法器

参考自扶风县法门寺出土阏伽瓶

花函、银金函、素银函、银花函、檀香函，将普天下所有珍贵材料都用上了。另外三枚舍利放置在前高后低的棺椁状容器之中，这种保存形式称为"金棺银椁"，是武则天临朝时定下的制度。另外出土的四件鎏金羯摩三钴杵纹银阏伽瓶也十分吸睛。阏伽瓶即宝瓶，又称贤瓶、如意瓶，是灌顶仪式中用于盛装净水的重要法器。瓶形细颈圆腹，腹部装饰有四个由莲瓣变形成的圆形装饰，内填十字三钴金刚杵纹。瓶底分别写有东南西北四字，用于区分摆放时的位置。

无名画匠

　　唐人在绘画方面造诣极高。绘画题材有人物、花鸟、山水等，包罗万象。这些作品的创作者并不都是贵族或文人，有许多是默默无闻的平民画师或普通工匠。唐代绘画的巅峰杰作正是出自这些无名却伟大的人民艺术家之手，壮丽的壁画作品遍布佛寺道观和石窟四壁，历经千年仍熠熠生辉，是中华艺术取之不竭的宝库。画中人物神采飞扬，动态自然；上色时使用矿物质颜料，色泽饱满浓艳，以红黄暖色系为主，间或用蓝绿冷色大胆碰撞，整体和谐统一，这些无名画匠的审美和技艺令人抚掌赞叹。

◀ 无名而伟大
参考自敦煌莫高窟二百二十窟壁画

游乐

两岸山花似雪开，家家春酒满银杯。

昭君坊中多女伴，永安宫外踏青来。

——《竹枝词九首》刘禹锡

体育

大唐是一个开明大胆、热情豪迈的帝国，风气尚"动"，体育竞技很快便成为唐人最为喜爱的全民娱乐方式。参加者借此夸耀自己强壮的体魄和精湛的技巧，观看者也可以从中获得精神享受。体育运动不仅是节庆宴饮中不可或缺的娱乐，有时甚至能够成为获取权力、地位的手段。

唐代体育活动种类繁多，在丰富多彩的体育活动之中，马球最具唐代特色。参赛者分作两队，手持球杖，骑马入场，在马蹄飞驰间用球杖争相击打小球，将球打入球门

便可得分。球杖长若干尺，末端延展成月牙形，骑在马上正好可以垂杖到地，用杖头击打小球，球杖形状很像今天的高尔夫球杆。选用坚硬又有弹性的优质木料，将其内部挖成中空，外层打磨到浑圆光滑，再涂上朱漆便做成了球。球门分单门、双门两种形式。单门即在球场一侧设一个球门，两队都以夺球打入该门为胜；双门则是在球场两端各设一个球门，互相击球争胜。

马球是一种"贵族运动"。球场能一次容纳十余名骑马球手奔驰来回，长宽千步，

地面光滑平整；参与者必须养得起好马，且骑术娴熟，能在飞驰的马上腾挪移转，抢夺一颗比拳头还小的木球。因此马球的主要参与者是王公贵族和军中健儿，上人庶民或柔弱的女子可以选择参与难度略小的"驴鞠"和"步打"。毛驴矮小温和，速度较慢；步打则是徒步打球，降低了技术和体力要求。

"入门百拜瞻雄势，动地三军唱好声。"当然，也可以选择做个"球迷"呐喊助威。

蹴鞠

蹴鞠

　　蹴鞠就是古代的"踢球"，早在战国就已经深受人们喜爱。蹴鞠用的鞠球原本是在皮革球囊内填充轻软有弹性的动物毛发做成。唐人对它加以改良，用八片皮革缝合成球状，包裹在充气后的动物膀胱外，如此一来，球变得更轻、更有弹性，形状也更圆润规整了，能玩出更多花样。球场两侧设置的球门离地数丈，左右两队选手在夺得球后要将球高高踢起才能得分，空中传球划出的曲线为比赛增加了更多的观赏性。宫中女子爱好"白打"，也就是不以得分为目标，而是多人对踢，活用足、膝、肩背等身体部位蹴球，以踢出各种花式为乐。

舞马

　　广义上来说，马术也是一种体育项目，马术之中最为传奇且具观赏性的便是"舞马"。"舞马"又称"躞马"，是受过训练、能够在宴会及节庆活动上随音乐表演舞蹈的特殊马匹。舞马多选用来自西域的大宛马或青海骢，高大威武，聪慧且易于训练，由内闲厩统一饲育管理。舞马被训练得能够听懂鼓点音节，随乐曲跳跃，踩踏地面，行走转向，下蹲起坐，甚至可以踩着三层木板登高旋转，真如熟练的舞伎一般翩翩起舞。玄宗曾在宫中训练舞马四百匹，令驯马人每逢千秋节宴会选三十匹进场表演，在饮酒乐达到高潮时，舞马口衔酒杯卧倒在地，像对皇帝拜伏献寿一般。舞马灵巧优美的身姿被铸在"鎏金舞马衔杯纹银壶"上，与何家村出土的金银珍宝一起，给了我们一瞥唐代盛景的机会。

◀ 舞马

角抵
参考自敦煌莫高窟十七窟、九窟壁画

角抵

角抵又称角力或相扑，也就是最为原始的徒手搏斗。唐代的角抵已经高度专业化、技巧化了，变成了一种具有观赏价值的"武戏"，活跃于大型宫廷庆典和民间节日集会之上。比赛双方穿短衫相抱互搏，以极力将对方摔倒在地为胜。有趣的是，唐代的相扑允许用拳，更像是拳击与摔跤的结合体。角抵是一项全民运动，不仅成年男子热衷于此，女子和儿童也积极参与其中，最终催生出了大量专业的角抵名家，以公开比赛和传授角抵技巧为生。宫中有"抵人""相扑人"负责表演，深得穆宗、敬宗喜爱，他们甚至亲自下场参与；军中则将角抵看作训练的一环，善于角抵的力士能获得更多的升迁机会，同时也是炫耀国威武力的一种手段。

拔河

　　拔河原称"牵钩"，从水战训练中演变而来，是一种大型群体体育竞技活动。比赛时用一条长达四五十丈的粗大麻绳为主绳，两头分系数百条细索，参与者将细索套在胸前方便发力。大绳居中处插一杆旗帜为界，两队分别列队站定，齐齐发力向后拉拽，将旗子拉到己方者为胜。参与者可多达千余人，看客云集，擂鼓呐喊，声震天地，气氛极其紧张热烈。拔河的风气甚至传入宫廷之中，中宗就曾命宰相、驸马、将军、三公等文武百官一并分队拔河取乐。拔河除了强身健体、热闹好玩之外，还有祈求五谷丰登的衍生意义，因此每年春季寒食、清明之际，人们纷纷参与其中，也是一种对丰收的美好祈愿。

出游

斩断了一切世俗羁绊的僧侣也许是天地间最自由洒脱的人了。唐代佛教鼎盛，国际往来频繁，僧人行脚云游四海成了越来越普遍的现象。行脚又称游方，是僧侣们身体力行、实践信仰的一种修行方式。决心云游的僧侣目的多种多样，有的是听闻某地某寺有高僧名师，不远千里前去问道访学；有的布衣芒鞋，一路苦修，为了在旅途中修持自身，寻求开悟的契机。他们有的孤身一人，一囊一杖独行世间，有的三五同行，互相参学钻研，以身化作传播学识文化的"水网"，浸润了整个唐王朝的土地。

还有一批游方僧众身份特殊，他们跨越国境，远行至言语不通的异国他乡寻求心中之道，为文化交流做出了巨大的贡献。譬如空海来自日本，尽得密宗真传，返回后成为开宗立派之师；释智明来自新罗，耗费十年光阴辗转海陆求学，后返回朝鲜半岛传法。有印度僧人为传法远渡中土，终老于大唐。也有中国僧人向西入天竺求法，向东入日本立宗。入天竺者是我们耳熟能详的三藏法师玄奘，他于贞观元年从长安出发，跨越数万里到达天竺，回国后将从天竺带回的千余卷经论逐一翻译成中文，为中国佛教文化的发展做出了不朽的贡献。入日本者是日本奈良唐招提寺的创立者鉴真大师，他应日本留学僧之邀，决心赴日传法，却因天气等原因一再无法成行。即使因病双目失明，鉴真的决心依然没有动摇，直到第六次才成功东渡，被日本尊为"唐大和尚"。

行脚游方给了僧众遍历名山大川的机会，促进了文化的传播与融合，成为后世僧众乐此不疲的一种修行方式。

牛车

参考自礼泉县阿史那忠墓壁画《牛车出行图》、
吐鲁番阿斯塔纳唐墓出土牛车俑

牛车

唐代的陆地交通方式无非是两种，乘车或骑马。官员上朝、游侠儿出行、文士周游天下，自然是骑马、骑驴更为快捷方便。女子则不同，出行时如果不乘车驾，大多数时间需要戴幂篱或帷帽遮盖面目。饲养、使用马匹有身份限制，因此温厚朴实的牛就成了拉车的首选。唐代女子无论阶级高低，常乘坐牛车。外命妇入宫时规定以白铜装饰的牛车代步，贵妇们流行用金玉珍珠装饰车身，用小黄牛拉车，谓之"金犊车"。

丽人行

除骑马、乘车外，唐代主要的陆地交通手段还包括用人力扛抬步辇、肩舆；甚至可以骑乘骆驼、大象；水路则可以乘坐大小舟楫船舶。唐代女子不仅能乘车出行，也能骑马奔行，特别是唐中宗之后，社会风气进一步开放，"宫人从驾，皆胡帽乘马，海内效之，至露髻驰骋"。女子可以骄傲地以面示人，与男子一样昂首挺胸，策马奔驰，享受其他朝代女子难以想象的自由和快乐。若是囊中羞涩养不起骏马，那也没有关系，一般人家会选择饲养一匹小小的毛驴代步。对于女子来说，毛驴体型娇小，温顺可爱，是一种更安全的代步工具。

△ 乘马

参考自吐鲁番阿斯塔纳墓出土彩绘骑马侍女泥俑

扬州船

　　唐朝的水上交通十分发达，船舶种类繁多，大小不一，竹、木、兽皮都能用来造船。除了运货、运人的漕船，还有专用于游玩的彩船、画舫、竞渡船等。其中有不少是"巨无霸"，晚唐时节度使成汭花费三年时间造船，造成后就好像将陆地上的节度使府邸整个搬到了水上一样。专走江西、淮南航线的船上甚至有街道和菜园，常年有数百人居住其上。舟船靠船帆借风力行驶，大型的船能载重八九千石，船帆多达二三十面。专供游宴的彩船造价也十分高昂，敬宗时为上巳节置办彩船三十艘，竟然花费了全国半年的税收，可以想象造出的船只有多么精美。

行船
参考自黑石号复原模型

145

博戏

博戏文称博弈，"博"指赌，"弈"指棋，泛指一切两人或多人用玩具、道具互争输赢的游戏。如围棋、象棋、双陆、投壶、叶子戏，乃至斗鸡斗兽，都属于博弈类娱乐。比起比拼体力的竞技类娱乐，博弈类更依靠脑力来获取满足。

围棋便是其中的代表。它起源于春秋战国时期，黑白两色中包罗万物，蕴含着无限可能。围棋历来深受文人喜爱，到了隋唐，弈棋之风愈演愈烈，棋盘从十七道改为十九道，迎来了它的兴盛期。上至帝王将相，下至僧道渔樵，无不喜爱围棋，围棋成了一项全民参与的娱乐活动。

朝廷对围棋十分重视，翰林院中设有"棋待诏"一职，从全国网罗出最优秀的棋手充任。棋待诏每日出入宫廷，任务便是陪皇帝或宫人下棋消遣。《酉阳杂俎》中记载了一则玄宗弈棋的趣事。当日玄宗命琵琶名手贺怀智奏曲，自己与亲王对局，不料亲王棋艺高明，眼看便要落败。此时，一旁观战的杨贵妃示意怀中抱着的小狗跳上棋盘，几下便把棋子踢得到处都是，搅乱了一场必输之局，把玄宗逗得开怀大笑。

相传安史之乱时棋待诏王积薪随玄宗逃难，夜宿民家，听到这家的婆媳二人隔墙下盲棋，棋力精妙，次日向两人讨教棋艺，从此棋力无敌于天下。逃难时仍不忘带棋手同行，可以看出玄宗有多么痴迷；另一方面又可以看出围棋的受众之广，草莽之间不乏国手。

围棋被文人士大夫看作修身养性、锻炼心智、展示才思的必备技能。青山绿水之间，古刹茅屋之侧，与好友对坐手谈，一局忘忧，正是唐代文人的标准写照。

▶ 双陆

参考自日本奈良正仓院藏木画紫檀双陆棋盘

双陆

　　双陆又称双六，一说因对局双方各有六枚棋子而得名；一说双方分黑白两色，各用十五枚棋子，因棋盘为六路而得名。玩家交互投掷骰子，按照掷出的点数挪动棋子，谓之"行马"，将棋子渐次从棋盘一方推进到另一方。途中如遇到对方落单的棋子，就可以用己方重叠的棋子将其打落，最终按棋子行至终点的快慢和打落"敌马"的数量来裁断输赢。打双陆是唐代的"闺中雅戏"，深受仕女文人喜爱，用具格外精美。新疆阿斯塔纳唐墓中出土过螺钿镶嵌而成的双陆棋盘，唐诗中还提到宫中双陆用沉香木为棋子，可见双陆在唐人心目中的重要地位。

叶子戏

　　叶子戏中的"叶子"指的是裁剪好的散装纸片，也就是一种类似于现代纸牌类的博弈游戏。晚唐时贺州刺史李郃把六枚骰子同掷时出现的组合逐一记录、编纂成册，将其中若干种精选出来印刷在裁剪好的纸页上，在游乐宴饮中当作一种即席游戏以供消遣，这就是最早的"叶子戏"。其后李郃调入京城，"叶子戏"和他一起传入长安，很快便在文人与贵族之间风行了起来。叶子牌用六只骰子一同掷数，花样组合异常丰富，玩起来也格外复杂有趣，令人难以自拔。同昌公主甚至沉迷到命人捧夜光珠照明，以便能通宵达旦尽情玩牌。

◀ 叶子戏

投壶

　　投壶是一种十分古老的酒席游戏。在席间设一只扁腹直筒的投壶，隔着一段距离向壶口投掷箭矢，投入箭矢多且姿态优美者为胜，输家即席罚酒。唐人喜爱交游宴饮，投壶之戏也就随之流行了起来。善于投壶者技巧堪称出神入化，《朝野佥载》中记载，一位名叫薛眘惑的投壶名家可背对投壶，反手投矢百发百中，无一失手。宫中女子也爱投壶消闲，"分朋闲坐赌樱桃，收却投壶玉腕劳"。以樱桃为赌注投壶取乐，与士大夫的酒宴相比，又是一片不同的闲适风光。

斗鸡

斗鸡、斗鹌鹑、斗牛羊、斗蟋蟀……以这些飞禽走兽争斗取乐的游戏在唐代非常流行，其中斗鸡从唐初一直兴盛到安史之乱，是唐代最有代表性的斗兽游戏。宫中鸡坊常年饲育数千只雄鸡，玄宗出巡泰山之时也命人带数百只随行。不仅皇帝热爱斗鸡，贵族、豪商也都沉迷其中，一场赌斗动辄千金，为斗鸡倾家荡产者不计其数。王准、贾昌因善于斗鸡获赐金帛无数，充任禁中官职。民间目睹这种斗鸡赌博得享荣华富贵的风气，便有了"生儿不用识文字，斗鸡走马胜读书"的凄凉感慨。

◀ 斗鸡

雅集

"采莲去，月没春江曙。翠钿红袖水中央，青荷莲子杂衣香，云起风声归路长。"

李康成一首《采莲曲》把长安人的思绪带到了南方水乡田田莲叶之间，水网湖泊、撑竿小船，温婉娇俏的江南美人与荷花菱角一起，构成了唐人脑海中清新别致的江南景象。莲蓬、莲藕是江南地区特有的水生经济作物，每当夏秋之交，便有无数年轻女子前往湖泊浅沼间采莲，她们三两结伴泛舟湖上，既是劳作，也是娱乐。

唐朝诗人笔下的江南采莲女子形貌十分亮丽，她们身穿白衣，头戴玉簪，手中拿着银钩，穿行于高逾人头的绿色莲叶之间，白绿相间，清新自然。湖面上飘荡着欢快的空气，相近来往的船只上，采莲女子互相唱和着南音小调，笑语晏晏，说笑声穿过荷花莲叶组成的屏障飘向湖畔，吸引了岸上的过路人。两船相向擦肩而过时，调皮的小女孩子总要趁机撩对面女伴一身湖水，活泼可爱玩心重的样子几笔便跃然纸上。

远在中原的长安城中还有一群画风不同的"采莲女"。自唐立国以来，清新温婉的南地文化就对北方人有着难以抵抗的吸引力，来自南朝的《采莲曲》在宫宴歌舞中占有一席之地。宫中的宫女和贵族女眷们受此影响，开始将采莲泛舟当作一种消遣和娱乐。唐太宗诗云："结伴戏方塘，携手上雕航。""莲稀钏声断，水广棹歌长。"描写了一群宫中女子乘坐雕刻精美的小船在宫中的湖上自由玩乐、采花对歌的嬉戏场景。晚唐诗人和凝笔下的宫女们"竞绕盆池蹋采莲"，在池畔和着水声、花香跳采莲舞。从宫中到民间，采莲盛行一时，是女子们夏日交游聚会时喜爱的游戏。

裙帷宴

春天就是要来一场盛大的野餐才不负好时光。唐人重游玩，到了每年三月初三日上巳节前后，年少的公卿贵族、仕女名媛便纷纷带上酒肴出城踏青设宴。唐代女子洒脱自由，游玩途中若是遇到风景怡人之地，便会下马下车，就地铺下茵席，在草地四周插下竹竿，将各自的红裙解下挂在竹竿上，连成一片鲜艳夺目的临时帷幄，在其中随意坐卧，赏玩春光。石榴红裙摇曳在绿草碧树之间，落英带着余香飘入裙帐之中，只有在空前自由的大唐盛世，才会有这样浪漫又出格的"春游野餐"。

垂钓

　　从姜太公在渭水边遇到周文王起，垂钓就与"隐逸"结下了不解之缘。唐代有许多文人都在隐居生活中享受垂钓之乐，在临水执竿的过程中享受闲适悠然的心境。孟浩然诗云："垂钓坐盘石，水清心亦闲。"将垂钓看成忘却尘世纷扰、舒放心胸的重要途径。王维更实在一些："此是安口腹，非关慕隐沦。"为盘中美餐甩竿。宫中女眷们为了打发漫漫长日，有时与同伴一起凭栏垂竿，有时荡舟船钓，竞比谁的收获更多，把垂钓看成一种有趣的娱乐方式。

◀ 垂钓

◀ 纸鸢

纸鸢

　　风筝随风借力，扶摇直上，点缀了春日的天空。在古代，风筝又叫"纸鸢"，原本是用于传输军事情报的工具，唐人把它改良成了一种老少咸宜的游戏，并延续至今。唐代的纸鸢有凤形、鹰形、燕形、鹤形、乌鸦形等，制作精美，技艺成熟，好的风筝能直达百丈高空。放纸鸢是唐代儿童最喜欢的游戏之一，劈折竹条搭成骨架，糊上纸张，画上花样，系上丝绳，便可随风飘荡。成年人在寒食、清明之际也都纷纷走向郊外，放纸鸢为戏，"不得高飞便，回头望纸鸢"，一枚小小的风筝承载了无穷的愁绪哀思。

秋千

　　秋千的玩法古今相似，用绳索绑紧木板从高处垂下，人或坐或立，前后晃动秋千，随之上下起落，是一种既轻松又具有观赏性的运动。荡秋千的主力军是闺阁女子，秋千架高达数丈，女子立在秋千上，荡起来衣带随

▶ 秋千

风飘然来去，宛如仙子凌空飞舞，被唐人呼为"半仙之戏"。玩秋千最好的时节便是寒食、清明之际，每当此时，无论贵女宫眷还是民间女子，都爱在春光中荡秋千取乐，杜甫诗云："十年蹴鞠将雏远，万里秋千习俗同。"可见男子踢鞠球，女子打秋千，是大唐万里江山一道统一的风景线。

赏花

大唐是一个空前强盛繁荣的帝国，政治开明、民风开放、物质优渥，使唐人有更多精力去享受生活。随着园林种植业日益发达，花卉文化在唐朝获得了前所未有的重要地位。上到帝王宫阙，下到平民陋舍，都有花的身影。文人士子呼朋引伴，携酒跨马出城辗转于花圃园林之间，王公贵族在自家竞相培育珍奇稀罕的花草新种，这其中最具唐代特色的当然是花王牡丹。

"自李唐来，世人甚爱牡丹。"牡丹二字早在汉魏之时便见诸医书，但只是一种不起眼的草药，真正将它与"国色天香""花中之王"等美称联系起来的，是唐人对它如醉如痴的喜爱。

武则天与牡丹之间有一段脍炙人口的传说。传说武则天冬日游赏后苑，趁酒兴下旨，令百花在隆冬齐放。

不到天明，其余诸花纷纷盛开，只有百花之王牡丹即使身受烈焰炙烤也不肯违时开花，因此被贬谪洛阳，这才造就了今日的牡丹之城。

历史上的牡丹热潮则集中于开元天宝年间，唐玄宗爱牡丹丰腴华美，在宫中大力培植，杨国忠得到了玄宗御赐的牡丹，赶忙用百宝装饰围栏，遍邀宾客同赏。如此一来，上行下效，整个大唐开始为牡丹痴狂。道观寺院广罗名种，只等春暖花开之时大开院门，招待赏花的民众。名种牡丹的价格迅速攀升，异常昂贵，常人难以问津。白居易曾有诗云："一丛深色花，十户中人赋。"虽然如此，富有的长安仕女们还是会争相购买名种花卉，等春日一到便剪下花朵簪在头上，必要将一城春光都揽在身上。唐人对赏花的痴迷，可见一斑。

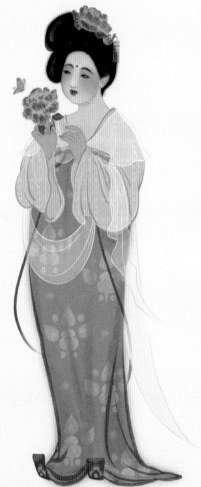

花开时节动京城
参考自陕西历史博物馆彩绘抱婴女俑

春之牡丹

　　唐代以深色牡丹为贵，特别是红、紫两色与朝中一品二品重臣的服色相同，因此作为富贵荣华的象征格外被时人看重。唐代牡丹培植技法十分成熟，能将娇贵的鲜花装入花盆移植到千里之外，也能活用嫁接法创造出一树多花的奇景。催花法培育出了更多颜色和花型，兴唐寺牡丹能着花一千二百朵，颜色花型无所不备，大可至七八寸。

夏之芙蕖

芙蕖即莲花，又称芙蓉，同样是唐人笔下入诗的常客。唐人心中莲花的形象是复杂的，它既是寺院壁画及石窟中庄严的净土莲台，象征着超凡脱俗的宗教世界，也是南方水塘中特有的作物，象征着水乡温柔的意境。白居易曾几次从江南引种白莲到长江以北，他自家庄园中的白莲，也许便是一段难以忘怀的江南回忆吧。

四季花事之菊花

秋之霜菊

菊花是金秋时节的当家花旦，以傲霜独立、不惧寒秋的铮骨，赢得了文人和士大夫阶级的喜爱。对一般民众而言，菊又是和九月初九重阳节息息相关的花卉，他们深信它有驱邪除恶、疗疾长生的功效，重九日饮菊花酒成了人们祈求健康吉庆的民俗，一直延续至今。

冬之寒梅

梅花的花季在众花凋零的晚冬至早春。梅花向来以清高孤傲、芳洁自持的形象为人们所熟知。唐代梅花栽种遍布全国，尤其是苏州邓尉山、杭州西湖，都是著名的赏梅胜地。对雪拥炉，赏梅饮酒，挥毫泼墨，诗歌唱和，文人的浪漫情怀都在这一朵香美的梅花上。

四季花事之梅花
参考自陕西历史博物馆藏凤帽女立俑

狩猎

大唐帝国的西北边境有许多以狩猎游牧为生的胡人部族，受胡风影响，唐朝宫廷内十分盛行骑马狩猎活动。唐代二十位男性君王中，有十一位在史书中留有出巡狩猎记录，其下诸王也都酷爱狩猎，李元吉甚至夸口说："我宁三日不食，不可一日不猎。"对骑射狩猎到了上瘾的地步。贵族少年把打猎看作考验骑术和武艺的机会，打到少见的猎物便可在同伴中扬眉吐气，一展雄风。狩猎队伍中甚至还有女性的身影，她们身着窄袖圆领或翻领长袍，长长的青丝挽成高髻或在耳畔梳双鬟，足蹬皮靴，骑在马上比男人更加利落潇洒。

唐人狩猎的手法多种多样。最常见的工具是弓箭，凭敏锐的目力发现猎物之后，用强弓硬弩一箭穿心，眼力、臂力缺一不可。军中子弟多半弓马娴熟，不仅善于打猎，更会驰骋沙场。类似的工具还有弹弓，用泥土、金属团成丸状代替箭矢，熟练者能"弹无虚发"，射叶落花随心所欲，除射猎动物之外，还可以在同伴中炫技，更受张扬的少年人喜爱。专业的猎户会辨识兽路鸟径，在动物必经之处设下罗网静待收获，驯养鹰犬作为助手，甚至选育"鸟媒"布置成陷阱来诱捕野生禽类。

常见的猎物无非飞禽走兽。飞禽中有雁、鸳鸯、鹦鹉、野雉、野鸭、鸽子、鹧鸪、仙鹤等，有的滋味鲜美可供入馔，有的身姿优美可供赏玩。走兽里小的有野兔，大的有鹿、虎、熊、野猪等，经巧手烹调便可上桌。

胡人猎师

参考自日本奈良正仓院藏狩猎连珠纹

胡人猎师

　　出土壁画和陶俑之中有一类人物外形格外吸引眼球，他们膀大腰圆，高鼻深目，满脸美髯，一看便不是中土之人。这些人是西域各国进贡珍禽异兽时随行的胡人猎师，他们身怀绝技，能训练猎豹、猞猁等猛兽帮助狩猎，肩负着照料管理猛兽的职责。进入大唐的胡人猎师被划为"蕃户"，通常供职于宫廷或贵族家中，每逢出猎便随主人同行，臂膀上架着雄鹰，马后伏着猎豹，只要一个口哨便能指挥它们来去扑杀。白居易诗云："五年驯养始堪献，六译语言方得通。"说的就是这些生活在异国他乡，与珍禽猛兽为伍的胡人猎师。

狩猎伴侣

唐朝宫中设有"五坊"，专门饲养雕、鹘、鹰、鹞、狗来协助狩猎。在民间，养鹰最为流行，养鹰放鹰是一个足以糊口的职业，精心挑选鹰雏呵护带大，加以训练，才能成就一只威猛善战的好鹰。唐太宗所养的白鹘聪慧异常，不仅能捕捉飞禽，还能在长安与洛阳之间来回送信。除此之外，西域各国还会每年向唐朝进贡猎豹、猞猁等猛兽，驯化后不仅能帮助打猎，带在身边也格外威风。训练好的猛兽在出猎时能随主人伏在马上，只等主人一声令下便扑向猎物，这样的场景在出土墓葬壁画与陶俑中都能看到。

◀ 狩猎伴侣
参考自陕西西安乡县主墓出土持鹞狩猎俑、猞猁狩猎俑

167

节庆

绣额朱门插艾人，羞将角黍近香唇。

平明朝下夸宣赐，五色香丝系臂新。

——《宫词》和凝

金吾不禁闹上元

参考自吐鲁番阿斯塔纳墓出土《抱琴胡仕女图》、西安博物馆藏三彩童子俑置技俑

上元

一年有三个重要的"元日"，正月十五为上元，七月十五为中元，十月十五为下元。上元节便是如今的元宵佳节，上元节之夜是一年中的第一个满月之夜，会举办新年里第一个盛大的节庆活动。

上元节之夜的长安城与平日大异其趣。长安城内平日有严格的宵禁制度，晨刻漏尽之后便敲鼓示意，关闭坊门，金吾卫巡行街巷，不许任意游荡。一年之中只有上元前后三日"弛禁"，诸坊门户不闭，灯火长明，长安城中不分身份贵贱，男女老幼人人盛装出行，尽情享受节日的快乐。

群星坠地，光华泛街，上元节的长安是一座辉煌的不夜城，花灯满城，百戏歌舞无一不备。睿宗先天二年时在安福门外设灯轮一座，高二十丈，丝缎金银为饰，悬有五万盏花灯。灯轮下有宫女数千人、民间少女数千人，皆头戴珠翠，身穿绮罗，在亮如白昼的灯轮下踏歌起舞，声入云霄。盛况正如张祜诗云："三百内人连袖舞，一时天上著词声。"

唐玄宗即位后，在宫中结彩缯为灯楼，高十五丈，阔二十四间，楼前扎台供宫娥歌舞。朝中上行下效，韩国夫人曾做高八丈的百枝灯树，置于山上。入夜点灯后，据说百里之外都能看到，比满月更为灿烂夺目。

长安城里的普通人自然不会放过这样的机会。《雍洛灵异小录》记载："唐朝正月十五夜，灯明如昼，山棚高百余尺，神龙以后，复加装饰，士女无不夜游，车马塞路。" 女子们一年难得有一次这样自由自在上街玩乐的机会，更要着意打扮，与家人好友一起赏花灯，吃焦䭔，走百病……

唐代的上元，是一场全民的大型狂欢节。

祭蚕

人生大事唯吃穿而已。唐人的衣料有将近一半来自养蚕缫丝，因此正月供蚕神、祈求蚕花大熟，是人们极为重视的祭祀活动。人们信仰的蚕神有十数位，据成卷于公元935—974年的敦煌文献《蚕延愿文》所记，有马鸣菩萨、西王母、麻姑、鲛人、务女、后土夫人等。在祭祀活动上，人们会设供席感谢西王母赐养蚕术，望麻姑保佑结茧丰厚，而鲛人务女善织造，则祈愿她们能令家家丝帛满箱。

问紫姑卜

"问紫姑"最早出现于南北朝时期。到了唐代，紫姑变得更为丰富生动。每到正月十五日，乡间村里便要"迎紫姑"，然后向其询问，让其占卜这一年的农桑收成顺遂与否。《显异录》称紫姑原是寿阳刺史之妾，被正室在上元夜杀害于厕所中，死后即为"厕神"。唐人相信紫姑通灵，给簸箕穿上衣裙，装扮成女偶样貌，"口"中插一支竹筷，然后双手扶住簸箕，细看筷子在灰上画出的痕迹，便可得知所问之事的结果。

◀ 祭蚕
参考自陕西历史博物馆藏
三彩女坐俑

▲ 问卜

上巳

春风初至，乍暖还寒，阳气渐盛，万物生长。大好春光不可辜负，唐人便借节庆之名，行游玩踏青之实。

上巳原本指的是三月的第一个"巳日"，到唐时定为每年三月初三。二月初二的中和节、三月初三的上巳节、九月九日的重阳节，这三者并称"三令节"，也就是唐代的"法定节假日"。宫中赐宴群臣、百官休假。上巳节时，民众携家带口，呼朋唤友，出游踏青，享受春日的暖意。

上巳历史悠久，先秦两汉时，人们在这一日去水边沐浴祝祷，采兰草香花擦洗周身，举行"祓禊"仪式。希望通过临水沐浴，洗去晦气、病气等不祥不吉之气，以求祛病延年，退邪趋吉。

唐代的上巳节与先代相比少了许多宗教色彩，更多的是唐人自发地享受一年一度的春光。曲江池畔，长安水边，处处新草鲜花，和风拂柳，文人士子乘香车骑宝马，三两结伴踏青饮宴，诗文唱和。仕女贵妇们也不甘人后，杜甫诗云："三月三日天气新，长安水边多丽人。"她们在岸边弄水，枝头折花，潇洒地解下裙帷连在树间，隔出一片香气袭人的空间自在玩笑。若是愿意再驱车远向温泉洗浴祓禊，自然少不了采撷一束香气悠远的兰草相配。

踏青时少不了宴会。唐德宗时起，每年上巳必赐宴群臣于曲江亭，臣子仕宦间自发的上巳宴会也屡见不鲜。此时流行"船宴"，泛舟水上，一边极目远眺春光景色，一边耳听歌舞伎乐之妙，丝竹之声乘着水波飘向岸边，给其余游玩之人也增添了几分雅兴。

曲水流觞，浮枣飘卵，诗文歌戏……上巳就是一场绵延整个春日的盛大宴会呀。

曲水流觞

曲水流觞

　　说到曲水流觞，最让人耳熟能详的便是晋永和九年，会稽山阴兰亭溪边那一场著名的上巳雅集。众人沿清流散坐，手持宽扁有翼的羽杯一盏一盏放入水中，任其随水往下游漂去。坐在下游的人们伸手拦住漂到面前的羽觞，惬意地呷饮杯中佳酿，不亦快哉。唐人也仿晋时流觞风俗，在百官赐宴及文人小聚中都用流觞增添趣味。孟浩然曾有诗云："卜洛成周地，浮杯上巳筵。"敦煌遗书中也有："三月三日，不审何处追赏，欲泛觞曲水，同往南亭，速驾！幸甚！"从大漠到长安，曲水流觞都是人们乐此不疲的上巳雅兴。

176

射箭

　　每年上巳时皇帝照例赐宴曲江亭畔，陈设宴席与百官同乐。宴上除歌舞、流觞、赋诗、饮酒等娱乐之外，还要求王公以下群臣参与竞射，体现出唐人豪爽、好武、重骑射的时代特色。孟浩然诗云："斗鸡寒食下，走马射堂前。"沈佺期诗云："童子成春服，宫人罢射鞲。"乍暖还寒三月春风中，弯弓如满月，飞箭似流星，给上巳又增加了一些动感和热闹气氛。

◀ 射箭

清明

春节、清明、端午、中秋，这四个节日合称我国四大传统节日，其中清明就诞生在唐代。

冬至后一百零五日称为"寒食"，此时各家必熄灭灶火，不煮不烹，冷食数日。清明在寒食之后一二日，原本是寒食节的一部分。寒食时各处已将旧火熄灭，清明时钻木取新火便成了重要的仪式。

祭祖扫墓是清明节最为重要的活动。每年清明、寒食，自百官到奴婢，都有三日假期，以便出城洒扫祭拜，上墓追思先人。王建诗云："三日无火烧纸钱，纸钱那得到黄泉。"可见此时在清明扫墓之时为故去的家人烧送纸钱的风俗已经十分普遍。

怀着肃穆的心情祭扫之后，人们还拥有暮春时节的最后一段春光，踏青郊游自不必说，打秋千、赛马球、斗鸡、蹴鞠……可玩的实在太多了。

"紫阳乱嘶红叱拨，绿杨高映画秋千。"身穿各色彩裙的小娘子们轻抬纤足，踩在秋千上来回悠荡起落，裙带飘舞。男子们则或是"寒食景妍，交争竞逐"，一颗鞠在脚下翻滚不定，花样百出；或是"骤骑案上日，轻拨蹬前风"，骑着宝马良驹驰骋球场。斗鸡也是唐人极为热衷的春日活动之一。长安城中的公子哥们常为了这春日的游戏一掷千金，给春光蒙上了一丝奢靡的气息。

既是春日最后的狂欢节，也是感伤肃穆的追思日，清明以其亦喜亦悲的复杂内核承载起了中国人对生和死的理解，是当之无愧的四大传统节日之一。

▶ 插柳

插柳

清明时各家必灭旧年火，重取新火烹煮食物。宫中内侍聚在殿前，争相钻木取火，皇帝赏赐先得火者绢布三匹，金碗一只。为向重臣表示恩宠，皇帝会另外遣使，将用新火点燃的榆木柳枝送往诸臣子家中，王濯诗云："御火传香殿，华光及侍臣。"承载新火的柳枝就被插在门外以示恩宠。另外柳树生命力旺盛，也被视作长青不老的象征，唐人在清明时要折柳簪发，谓之"清明不戴柳，红颜成皓首"。节日赏赐群臣的物品中也有"细柳圈"一项。折柳、插柳、戴柳就成了清明节一道独特的风景线。

镂鸡子

鸡蛋本就是春季极为常见的食材，唐人在蛋壳上或画或雕，将一样平常的食材变成了一件巧夺天工的工艺品。白居易诗云："玲珑镂鸡子，宛转彩球花。"这是将煮熟的鸡蛋用靛蓝或茜草煮染上色，或是青碧如新草，或是红艳若蔻丹，再用刀具雕刻出细密的图样与他人竞比。唐人在鸡蛋上互相攀比，花费重金，因此贞观年间太宗甚至下令禁止制作"画卵""雕镂鸡子"。然而这项风俗屡禁不止，连宫中也规定寒食、清明要"进球，兼杂彩鸡子"，到玄宗时索性对其不再干涉了。

◀ 镂鸡子

浴佛

浴佛节又称佛诞日，是纪念释迦牟尼佛诞生的佛教节日。《荆楚岁时记》中记载："二月八日释氏下生，良有自也。近代以四月八日为佛生日，姑徇俗耳。"佛诞日原本相传为二月初八，由于历法变化造成了小小的错位，唐代将佛诞日公定为四月八日，民间各地则按各自习俗。比如敦煌地区仍然以二月八日为佛诞日，举行盛大的崇佛祭仪；四川地区则两节并举，在二月和四月分别各设一次节日庆典；长安城则以四月八日为准。唐宪宗元和十四年的佛诞日，宪宗将藏于凤翔扶风县法门寺中的释迦牟尼指骨舍利迎入长安供养三日，善男信女沿途瞻仰叩拜，韩愈还为此写出了著名的《谏迎佛骨表》，最终为此被贬谪南方。

据佛经记载，释迦牟尼佛诞生之后，有九条天龙口吐香水替他洗浴。唐代众僧模仿经中场景，于这一日煮香汤淋洗佛像，举行隆重的庆祝典礼。《高僧传》说，寺中会煮"五色香汤"——青色的都梁水，红色的郁金水，白色的丘隆水，黄色的附子水，黑色的安息香水——淋洗放在盆中的佛像。

佛像淋洗一新之后被安置在鲜花珠宝装饰的车驾上，驱车游行城中街市坊巷，与信众相见，仿佛今天狂欢节中常见的花车巡游一般，称作"行像"。敦煌地区尤其重视这一习俗，每年一入正月，欢度上元节的疲劳还未散去，众寺院便开始加紧修理、装饰佛像，缝制伞盖，制作头冠、璎珞等饰品，务必要让佛像以最华美庄严的形象与信众相见。

朝廷将佛诞日视为法定假日，众寺院不惜人力财力举行最为盛大的庆典，城中善男信女争相瞻仰行像浴佛仪式，可见佛教在唐代的巨大影响力。

放生

　　唐人深信轮回报应之说，认为生前若有偷盗、欠债等罪，死后便会转生成牲畜，因此放一畜如同活一人，功德无量，这使唐人对放生始终抱有极大的热情。各寺院中多设"放生池"，用于放生鱼鳖；寺内还圈养有信众施舍入寺的猪、羊、牛，乃至鸡鸭一类，号作"长生猪""长生羊"等。长安菩提寺饲养十余年的一头"长生猪"死后火化，烧得舍利百余粒，这段记载体现了此时认为"一切众生皆有佛性"，笃信佛法皆能成道的思想，也就更进一步推动了唐人放生的积极性。

◀放生

布施

　　浴佛节时，各寺都要举办盛大的浴佛法会，自然也要为前来参拜瞻仰的信众准备斋饭，用鲜花香药供佛。信众也纷纷慷慨解囊，布施寺院以积福德。南北朝时，刘宣路遇浴佛法会，当场"取下头上金镜，为母灌佛"。长沙地区"染绢为芙蓉，捻蜡为菱藕"，用精巧的假花假果作为贡品。宪宗迎佛舍利入城时，甚至有善男信女自毁身体当作布施，舍财舍身的热情令人咂舌。

◀ 布施

端午

五月初五是我们熟悉的端午节。端午两字中"端"指开端、初始，"午"则是"五"的通字，意味着五月的第一个五日，又名重五、端阳、天中，道教称之为地腊节。五月天气暑热，蚊虫蛇蝎一类十分活跃，疫病难免随着虫蚁四处传播，因此古人将五月看成"恶气"弥漫的"毒月"，五月初五更是他们眼中的"危中之危"，需格外谨慎对待。端午节节庆活动的重心自然也就落在了驱邪避凶、除病求安的心理诉求上。

端午节时，家家户户都要在门前插上艾草菖蒲，希望药香能将毒气阻挡在家门之外。家中则趁机换上香气宜人的柏木枕，希望借柏木能清热杀虫的药性护身。闺中女子作五时图，或将丝线编成蛇蝎、蟾蜍、蜈蚣一类的毒虫进献长辈，取"以毒攻毒"之意。人人臂膀上都系上了五色丝线混编成的"长命缕"，《风俗通义》中说："五月五日，以五彩丝系臂者，辟兵及鬼，令人不瘟疫。"也是祈求无病无灾、延年益寿的习俗。

节庆中自然少不了应节的饮食。《荆楚岁时记》中记载端午时人们"以新竹为筒粽"，而唐人更习惯将粽子称为"角黍"。

宫中赐宴更有令人称奇的"庖捐恶鸟""俎献肥龟"两道菜肴。恶鸟即枭鸟，古人视之为恶人的象征，烹食此鸟警示群臣；龟则是长寿福泽的象征，正合端午祈求平安长寿的内涵。

水乡江南争相竞渡龙舟，舟上众人挥桨如风，舟前鼓手连击皮鼓如惊雷阵阵，数舟忽前忽后，在浪中穿梭前行，引得岸上如云观者欢声如雷，激动得不能自已。这一活动多由官府重金组织，是端午不可或缺的一大乐事。

斗百草

《岁华纪丽》云："端午结庐蓄药，斗百草，缠五丝，在唐时最盛。"端午时万物生长，气候渐热，正适合上山采集各种药草防备时疫，这大概就是"斗百草"的前身。将采回的草药一一分类，与同行的近邻友人互相展示，争报花草名称。逐渐地，花卉香草代替了药材，斗百草成了闺阁女子最爱的端午游戏。有时玩得兴起，姑娘们还会拔下头上钗钿，取下手上指环，与同伴赌斗输赢。

长命缕、食粽

晚唐花蕊夫人曾有诗云："美人捧入南熏殿，玉腕斜封彩缕长。"说的便是端午节人人都要佩戴的"长命缕"，又叫"续命""百索"等，用以"辟兵及鬼"，求延年长生。端午节庆赐物中便有"百索"一项，用"百索"缠裹的粽子叫"百索粽"。此外唐人在端午节还吃用象征长寿多子的九子蒲叶裹成的"九子粽"，用灰汁烹至烂熟的"角黍"，循古风用竹筒灌成的"筒粽"，花样百出，不亚于今人。

◀ 食粽

七夕

"迢迢牵牛星，皎皎河汉女。"牛郎与织女的传说早在汉代便流传于民间，到了唐代则演变为女子向织女乞巧的风俗节日，又名女儿节。是日，唐人"陈瓜果酒饭，以祀牛女二星"。家家户户入夜之后在院中设桌案陈列瓜果祭品，为天上那对一年只得相会一次的璧人送上真诚的祝福。

有女儿的人家更看重织女出神入化的织造女红技巧，都选在这一日向织女祈愿自家的掌上明珠能如她一般巧手织云，纤指编霞，希望女儿凭借女红技巧嫁入好人家，给这个浪漫的节日添上了些许现实色彩。

"长安城中月如练，家家此夜持针线。""家家乞巧望秋月，穿尽红丝几万条。"从这几句诗中便可一窥长安城七月初七之夜乞巧的盛况。少女们手持单孔、双孔乃至九孔金针，拈线对月，互相竞比谁能在月光下将丝线一举穿过小小的针眼。谁穿得又快又准，就是从织女处乞到了"巧"，众人同贺。

后宫中的嫔妃宫人们也不愿放过这个有趣的节日。《唐六典》中记载，"七月七日进七孔金细针"，显然是为月下穿针乞巧所备。《开元天宝遗事》中说唐玄宗曾结锦缎成楼，高达百尺，在楼上设酒宴坐席，与嫔妃一起用九孔针、五色线穿针乞巧为乐。

据说织女也是掌管瓜果的神明，因此七夕夜若有蜘蛛在供品瓜果上结网，便象征着织女赐巧。再往后便发展为在七夕夜捉蜘蛛放在小盒中，待天明开盒检视，若盒中蜘蛛织网又密又匀，便同贺"巧多"；若盒中蜘蛛不结或少结网，则笑其"巧少"。

早起去检查昨夜供桌上是否来过会抽丝结网的"小客人"，或是查看盒中留宿的"织工"是否勤奋，也是唐代少女七夕的小乐趣。

穿针乞巧

穿针

　　七夕之夜，上至宫廷，下至百姓，有女子的地方便有借月色穿针的身影。宫中妃嫔的家人在这一日可以入宫陪伴女儿，王建诗云："每年宫里穿针日，敕赐诸亲乞巧楼。"对于宫中女子而言，女红也许不是生活必需的技能，却能借这个机会与家人相聚，一诉衷肠。民间则兴起了"金针度人"的传说，相传有一名叫采娘的女子对天乞巧，得到织女所赐的金针，日后刺绣技巧便出神入化，无人能比。被故事里描绘的美好未来所激励，少女们乞巧穿针的热情更为高涨。

乞巧

陈鸿《长恨传》曰："秋七月，牵牛织女相见之夕，秦人风俗，夜张锦绣，陈饮食，树花燔香于庭，号为乞巧。宫掖间尤尚之。"柳宗元《乞巧文》中则记："蔬果交罗，插竹垂绥，剖瓜犬牙，且拜且祈。"生动地描述了七夕夜向织女乞巧的场景。地点设在能望见夜空的庭院内，贡品以瓜果为主，西瓜要切成上下交错的"犬牙"形。现在的北方仍然保留了这种有趣的切法，也可算作大唐遗风吧。

"织女"是中国人民对从事纺织的劳动女性真挚的赞美。巧手投梭，纤指拨线，织女不在云端，而是在农家小院，在田间地头，在江南水乡，在中原大地，世间可以没有神话中的仙女，但不能没有人间的织女呀。

▲ 织女信仰

193

中元

紧随着浪漫温馨的七夕，唐人在农历七月十五迎来一个充满神秘色彩的宗教节日。佛教将七月十五称为"盂兰盆会"。道教将七月十五称为"中元节"，与正月十五"上元"，十月十五"下元"合称三元。民间则往往将中元节与盂兰盆会混为一谈，笼统地称其为"鬼节"。

"盂兰盆会"据晋代译成的《佛说盂兰盆经》所设。经中记载佛弟子目连以大神通入地狱救母不成，佛祖便教诲一切佛弟子应于每年七月十五设茶饭花果等种种饮食供养十方众僧，此世父母及七世父母均可凭此功德度脱苦厄。神秘的宗教思想与华夏民族的"孝"文化巧妙地结合在了一起，有着十分强大的感染力。

道教认为，人死后需有天官、地官、水官三位尊神解罪赐福，将其生平录入生死册中，裁定死后生活的苦乐。其中地官主司赦免罪孽，中元节地官出巡，若在此时清洁身心，斋醮供奉，便能让地官赦免亡魂罪孽，免遭饿鬼轮回之苦。以法事布施换取功德福报这一核心思想与佛教盂兰盆会十分相似。

自古以来，夏粮丰收之后就有以新粮祭祀先祖的习惯。"祭其先祖父母。此言不失其时，以奉祭先祖也。"祭祀先祖的习俗与佛道仪式相结合，最终形成了民众心目中神秘的"鬼节"。

"目连救母"的故事随着寺院俗讲的流行和民间艺人对情节的不断丰富与完善，逐渐演变成了极具吸引力的演出，增加了民众参与法事的动力。

很难给中元节下一个简单的定义，它承载着华夏民族对佛、道、先祖三者的信仰，反映了唐人对死亡的思考和对亡者的追忆。直到今日，中元节仍是地方民俗文化的重要组成部分。

香灯烛影寄哀思

放焰口

放焰口

据佛经所载，农历七月十五做法事布施众鬼，俗称放焰口。寺院设盂兰盆会，道观设斋醮，分别为亡者超度祈福。信众也广作布施，不吝财货制作精美的"盂兰盆"被施入寺院。唐代宗时，"七月望日于内到场造盂兰盆，饰以金翠，所费百万"，可谓盛况空前。日本留学僧圆仁也留下了"诸寺作花蜡、花饼、假花、果树等，各竞奇妙……倾城巡寺随喜，甚是盛会"这样的记录。凡此种种，目的都是通过施舍钱财、饮食超度亡者，救度饿鬼。

观百戏

　　唐人性格豪放乐观，每逢节会，必要大玩大闹到尽兴为止，中元节也不例外。《太平广记》中说："时中元日，番禺人多陈设珍异于佛庙，集百戏于开元寺。"太原府也是一片"阁下诸院，皆铺设张列，光彩影人，供陈珍妙。倾城人尽来巡礼，黄昏自憩"的热闹景象。满城男女老少涌向寺院，一半是为了听法会讲经唱诵，一半是为了观赏寺院陈设的各色供养和喧闹有趣的百戏表演。

◀ 目连救母

中秋

在众多节日之中，中秋是最为年轻的一个。它大约诞生在唐代开元年间，出自文人贵族秋夜宴饮玩月之雅兴。虽然家家户户都爱十五夜皎洁明亮的月色，但在唐代，中秋还没有形成一个完整的节日，直到宋代才被正式承认。

唐代诗人欧阳詹说："八月于秋，季始孟终。十五于夜，又月之中。"夏日过热，冬日过寒，只有秋日最适合赏月，而八月是秋季的中间月份，十五又是八月正中的日子，两相叠加，农历八月十五便成了文人雅士们公认的赏月之夜。

枯坐对月过于凄清，唐人更喜欢邀上三五好友，置办几桌佳肴，一同对月吟诗，才不负良辰。《开元天宝遗事》中说："八月十五夜，（苏颋）于禁中值宿，诸学士备文酒之宴。时长天无云，月色如昼。苏曰：'清光可爱，何用灯烛？'遂使撤去。"玉盘当空，银光泄地，这一夜不知耗去了多少美酒，又催生出了多少美妙的诗篇。

同书还记录了唐玄宗与杨贵妃于中秋夜并肩赏月，并在太液池西岸筑百丈"赏月台"以备来年玩月的轶事。《龙城录》中还有申天师以术法令玄宗于中秋夜入月宫漫步赏玩，暗记仙人曲谱，改编成《霓裳羽衣曲》的传说。可见尽管此时八月十五还未正式成为节日，但在唐人心中，这一日与月亮有着不可分割的关系，赏月、游玩、宴饮都是不可错过的应节乐事。

赏桂

赏桂

　　唐人也相信月中有吴刚伐桂的传说，加之八月正是桂花吐香的季节，中秋就这样与桂花逐渐产生了密不可分的联系。桂树性喜温暖潮湿，在江南地区多有栽种，在台州和杭州，都曾有中秋夜月中落下桂子的神话传说，灵隐寺所种大片桂花林据说便是这月中桂子长成的。对唐代文人雅士而言，在中秋佳节与好友望月把盏，遥想月中桂树，细闻手中桂枝，更是一大乐事。

赏月

　　赏月既可数人同乐，也可一人独观。数人沐浴在月色下把酒言欢时，满月的皎洁可爱令人玩之不尽，游兴大发。柳公绰与宰相武元衡一同登楼赏月时挥笔写道："此夜年年月，偏宜此地逢。"良宵美景，天高气清。而在被贬职江州司马的白居易笔下，一人独自抬头望月只会带来无限凄清之情，他笔下的中秋便是"昔年八月十五夜，曲江池畔杏园边，今年八月十五日，湓浦沙头水馆前"。月是人非，时易景迁，使人对月长叹。

赏月
参考自西安何家村出土镶金兽首玛瑙来通杯

重阳

李白有诗云："昨日登高罢，今朝再举觞。"诗题《九月十日即事》，诗中的"昨日"便是重阳节。中国传统文化中将单数视为阳，双数视为阴，九月九日是双"阳"相叠之日，因此称作"重阳"，也叫"重九"。

唐人对重阳节十分重视。《唐六典》中记载，每年重阳节皇帝给百官一日假期，官学中的学生更有长达十五天的假期。上至达官显贵，下至学生百姓，都能在重九日登高远望，把酒言欢，享受秋风与秋色。

唐人在重阳节要做的有三件事。一是添换衣衫。此时"秋老虎"威风不再，气候由热转凉，需将夏季的单衣换作秋冬用的夹衣厚服，因此重阳又有"授衣节"的别称。二是与家人、好友登高望远，远眺秋日美景，尽享天伦之乐。那句著名的"遥知兄弟登高处，遍插茱萸少一人"，便描写了王维重九登高时思念家人的无限惆怅之情。三是赏秋花。菊在传说中有使人无病长寿的神效，唐人在重阳必饮菊花酒以求延年益寿；茱萸气味辛香，具有辟恶的功效，唐人喜欢将其蓄成香囊扎在臂上，或是在发间插上一二枝添兴。

帝王于重九日常在长安曲江池设宴饮，与群臣赏菊赋诗，也会举行射箭比赛等游兴活动。贞观十年重阳，唐太宗曾命文武五品以上的官员在玄武门公开比射，宋国公技不如人，连续落空十箭，传为笑谈。宴席上除了菊花酒以外，还有热气腾腾的汤饼与大名鼎鼎的"重阳糕"。"糕"与"高"同音，既暗合重阳登高的旧俗，又蕴含了对人生步步登高的美好祝福。

携亲朋，登远山，菊瓣泛玉液，茱萸隐鬓边，列席张帷车马盛，秋风激起诗百篇。

插茱萸、重阳糕

插茱萸

成书于唐代的《新修本草》中说山茱萸"主心下邪气""久服轻身明目、强力长年",主张每年九月、十月采收它的果实入药。茱萸枝叶常绿,果实鲜红,从药性和颜色上都有辟邪延寿的意思,因此唐人每到重阳便折茱萸枝插鬓,或将茱萸果实纳入丝囊中佩戴,以求长寿无忧。茱萸也可与酒同煮,茱萸酒能治牙疼、中风等疾病,也是重阳宴席上的常客。

菊花酒、重阳糕

　　百花不敌秋风，到了重阳时节，只有菊花仍能傲霜开放。因此古人认为菊是长寿的象征，魏晋传说，饮甘菊丛生处流出的清泉，便能高寿至一百四五十岁。即便不能长寿如斯，菊花酒仍是唐人心中延年益寿饮品的不二之选，药王孙思邈在药酒中将菊花酒列为第一。

　　"糕"也是重阳的重头戏，此时秋粮入库，磨新粮蒸糕也有"尝新"的意思。重阳糕有"麻葛糕""菊花糕""米锦糕"等，与菊花酒同食，想必十分美味。

◀ 菊花酒

夕夜傩戏舞婆娑

元日

除旧岁，迎新年，元日是新旧两年交替之际，也是民众最为重视的节日。岁末将至时，家家户户开始洒扫门庭，洗尘除秽，将门上的旧门神请下，重贴新门神。据《唐逸史》记载，唐玄宗曾在梦中见一个面貌凶恶的鬼神在宫中吞吃小鬼。这鬼神原是唐初不第进士，因功名不成自尽而亡，死后被任命为专司捉鬼之神，名叫钟馗。醒来后，玄宗命吴道子照梦中情景画图，画成的便是唐人门板上常贴的"钟馗捉鬼图"。

入夜后，宫中将大摆宴席，歌舞丝竹之声响彻云霄，庭院中架起檀香、沉香等海外香木堆成的篝火，火光鼓动着香气在宫院中久久不散。太常寺主理盛大的傩舞仪式，乐工从旁奏乐鸣钟，其余舞人则打扮成鬼怪模样，和着音乐，开始夸张的舞蹈，绕行宫中各殿阁，再出宫跳往长安城的大街小巷。这些舞人象征着方相、十二兽、振子等能祛除疫病恶鬼的神明。唐代的傩舞大致保留了汉代原有的结构，但规模扩大，从一二百人增至数千人；内容也更为丰富，增加了许多戏剧情节，令严肃的宗教仪式变得更有趣，更富有观赏性。

光用仪式驱邪还不够，元日还有一些蕴含着人们对新年美好愿望的习俗。比如屠苏酒和五辛盘都要借助药草的药力，体现了人们希望新年无病无灾、平安健康的愿望。节前各家要在灶间单设一席果脯酒肴等贡品，祭祀灶君司命，灶前贴上灶马图像，灶门上涂抹美酒或酒糟，名为"醉司命"，讨好灶神，祈求平安。灶膛内另点一盏油灯，"照"住"虚耗"鬼不能来家偷盗财物，但愿岁岁仓满粮足，年年有余。

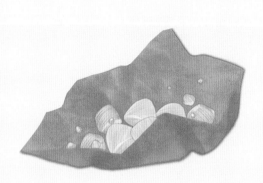

⬤ 胶牙饧

⬤ 屠苏酒

⬤ 五辛盘

胶牙饧

古人很早就发现发芽的谷物熬煮后能凝结成甜美的饧糖，吃起来粘牙耐嚼。唐人把凝固的麦芽糖呼作"胶牙饧"，"胶"字象征"坚固"，希望通过嚼吃饧糖来祈愿牙齿健康，不脱不摇。老人牙口已经变弱，就饮用煮成粥糊状的"饧粥"代之。现在北方地区过年必备的年货"关东糖""大块糖"，正是盛唐遗风。

屠苏酒

"屠苏"之名最早出自南北朝，当时的人们将几种中药配成一副"屠苏"，在除夕之夜用绳吊在水井中，次日早上饮井中汲出的"屠苏水"，相信这样便可一年不染瘟疫，阖家平安。到了唐代，人们改将药材浸泡在美酒里，泡成的药酒即是"屠苏酒"，到元日取出，每人饮一杯。饮屠苏酒讲究先幼后长，最年长者最后饮用。类似的还有用花椒泡成的椒酒、柏叶泡成的柏酒等。

五辛盘

"药王"孙思邈说："元日取五辛食之，令人开五脏，去伏热。"盛赞正月吃"五辛"的好处。"五辛"指的是葱、薤（藠头）、韭、蒜、阿魏等五种气味浓烈、滋味辛辣的蔬菜。将这几种蔬菜切细拼作一盘，在正月共食，能疏通五脏六腑，发汗祛病，预防感冒。在这个基础上再加上春季的时令蔬菜，用薄饼卷吃，便成了日后的"春盘""春饼"。

打如意

　　"打如意"又叫"乞如愿"，是南北朝时兴起的习俗。据《荆楚岁时记》记载，庐陵商人欧明数年如一日祭拜彭泽湖湖神青洪君，湖神现身问欧明所求何物，欧明答道："但求如意。"湖神身边恰好有一名侍女名为如意，便让侍女随欧明返家。无论欧明想要什么，如意都能立刻为他办到。一日欧明为小事痛打了如意，她一气之下便遁入秽土中消失了，留下欧明在原地用手杖敲打秽土，口中唤着如意的名字追悔莫及。唐人在元日剪彩纸或扎锦缎为人形，放在秽土堆中敲打呼唤，祈求自家也能得"如意在侧"。

绘桃符

　　桃木在中国文化中有着非比寻常的神奇力量，人们相信它能带来长寿与吉祥，可以驱邪除鬼，因此家家门上都用苇索悬挂桃木板做成的"桃符"，据说有"百鬼畏之"的效果。桃符上画神荼、郁垒两位门神，后期则流行描画钟馗捉鬼图，可以说是年画的原始形态。一年将结束之时，人们将挂了一年的旧桃符取下，换上新板，承载了人们辞旧迎新的美好愿望。

⬥ 绘桃符

乐舞

舞势随风散复收，歌声似磬韵还幽。

千回赴节填词处，娇眼如波入鬓流。

——《玉女舞霓裳》李太玄

音乐

雅乐与燕乐

唐代的音乐大致可以分为雅乐与燕乐。

雅乐是国家统治系统的一部分，君王制定与阶级礼仪相结合的音乐，形成"礼乐制度"，用于祭祀与典礼。

雅乐由太乐署和鼓吹署两个部门执掌。

太乐署负责在祭祀、朝会上演奏雅乐，调制乐器，管理并培养乐工。从属于太乐署的乐工被称为"音声人"，大部分出身于"乐户"，即朝廷规定专门世代从事音乐舞蹈之家，技法代代相传，磨炼得日益精湛，使其得以在大典仪式上担任奏乐之职。

鼓吹署负责出行时随驾奏乐，乐队被称为"卤簿之仪"，也就是仪仗队，按出行人的身份和场合调整规模，分前后两队奏乐随行。

祭天、地、先祖各有不同的礼乐规定，林林总总多达几十个仪式环节，每个环节配有相应的音乐，如《豫和》《雍和》《凯安》《崇德》《钧天》《承光》等。

除雅乐之外的音乐都可以称为燕乐或俗乐、散乐。这些音乐有的在中国传承已久，有的来自异邦，共通点是能给人们带来纯粹的娱乐和美的享受。

初唐承袭隋代"九部乐"旧制，即清乐、西凉乐、龟兹乐、天竺乐、康国乐、疏勒乐、安国乐、高丽乐、礼毕曲。唐太宗在位期间删去礼毕曲，增加了燕乐、高长乐两部，并称"十部伎"。到唐玄宗在位时又将乐师分为坐于殿堂内演奏的"坐部伎"和立于堂下演奏的"立部伎"，坐立二部均由太常寺管理，作为原先"十部伎"的补充。

典礼所奏之雅乐规模庞大，结构严谨，充分表现了礼制的威严。燕乐取材广泛，得汉、胡两地之长，在宴席、酒肆、市井坊中为人们带来无限欢乐与美的感受。

协律郎

　　太常寺掌管国家礼乐，下设八署。内设协律郎二人，官阶正八品上，仅次于太常寺的太常卿及太常少卿。太常卿及太常少卿只需负责日常管理，并不通乐理，因此协律郎就成了实质上的"现场最高指挥者"。这两人须格外精通乐理音声，平时监督署内乐工的学习，表演时则担任指挥，调动整个乐队。除此之外，协律郎还需具有极高的文学素养，能出口成章，删改创作乐辞，因此他们不少都是后世知名的诗人才子。

◀ 协律郎

琴、瑟

琴、瑟均是华夏大地原生的乐器。《礼记》有云："昔者舜作五弦之琴，以歌《南风》。"可见其历史是多么悠久。

唐代古琴有七根琴弦，又称七弦琴，以蜀地雷氏一族所斫为上品，世称"雷公琴"。琴身式样繁多，有伏羲式、连珠式、蕉叶式、仲尼式等，琴身选用桐木或梓木，圆肥高耸，长三尺六寸以象征一岁三百六十日，嵌有十三枚琴徽标出音准。唐玄宗喜欢奔放激烈的鼓乐，厌恶舒缓肃穆的琴乐，因此宫廷乐曲中，很少使用古琴。在民间，琴被文人隐士视作君子德行的象征，备受珍爱。唐代文士常自行斫琴，与友人唱和，临终时还要托遗琴于友人，视作自己精神的延续。

古瑟早已在南北朝时代消亡。"锦瑟无端五十弦，一弦一柱思华年"，唐时诗文中所谈及的瑟是乐工新创的乐器，与古瑟大不相同。在敦煌290窟壁画中可见两名持瑟天人，瑟身较琴宽大，二十五弦，放置膝上弹奏。

◀ 瑟
参考自敦煌莫高窟二百二十窟壁画

笙
参考自敦煌莫高窟二百二十窟壁画

笙、箫

笙与箫是所有吹管乐器的鼻祖。据《尚书》所述，两者均诞生在虞舜之时，是最古老的乐器。

非常幸运，唐代的笙现有实物存于日本正仓院中。十七根高低错落的簧管排列成马蹄形，长约五十厘米，配有一个用于吹奏的木制笙斗。吹时几根管同时发声，音色富丽婉转，称作"合竹音"。若按唐诗中所述，则还有管数更多的十九簧乃至三十六簧笙，可惜并没有实物流传下来。

在唐代"箫"多指排箫，由若干根长短不一的竹管，依序连接成凤凰展翅的样子。今日的单管箫在唐代被称为"竖笛"或"洞箫"，比较少见。排箫管数多寡不一，有十三管、十七管、十八管、二十一管、二十四管等几种形制，分别用于演奏不同的乐曲。

箫

参考自酒泉榆林窟二十五窟壁画

笛

参考自敦煌莫高窟一百五十九窟壁画

笛

唐代"笛"泛指一切单管吹奏的乐器。竖者又名竖笛，即今天的箫，横者则别名横笛或横吹，更接近现代人对笛的印象。

《旧唐书》中说"其原出于羌中"。羌泛指我国西北地区，横笛应是游牧民族的传统乐器，并逐渐被吸收到了华夏文化之中。唐代的横笛由竹管制成。有六个按孔，另开一个吹孔，有的还开有若干个出音孔，但多半不需要贴膜发声，还比较原始。更先进而独具特色的是由刘系发明的"七星管"。七星管有七个按孔，另开一个吹孔，它像现代笛一样，必须给吹孔覆上昆虫翅膀一类的坚韧薄片作为笛膜才能发声。

横笛音色既可以明亮活泼，也可以如泣如诉；可以用来伴奏，也可以用来独奏。因此无论是庄重的国家仪式还是富丽的宫廷燕乐，或是轻松的友人小聚，笛总稳稳地占据一个席位。远游离别时更要"羌笛何须怨杨柳，春风不度玉门关"。

筚篥

　　筚篥二字原非中文。一说这种乐器来自波斯，一说它是西北地区羌族胡人发明的。最早的筚篥用天然芦苇管制成，因此又名芦管，将芦苇上端削成音哨，含在口中可吹奏出高亢的曲调。

　　传入中原之后，筚篥的制作材料、技法都得以改进，逐渐演化为以骨、竹、金属等为管身，另用芦苇削成哨嘴安在管上吹奏的一种乐器。哨嘴有时用桃树或杨树的树皮卷成，称为桃皮／杨皮筚篥，多用于民间即兴演奏。管身为防龟裂，还要涂漆加固，并用银字注明音高，分外精巧。

　　唐代最经典的筚篥管身有九个开孔，前七后二，五音圆融，十分动听。两支这样的九孔并列同吹称为双筚篥，技巧高明者能吹出和声，深受人们喜爱。

　　筚篥声如塞外西风，高远大气，唐代将其视作演奏军乐的不二之选。同时也因音高稳定，筚篥又被选为定音乐器，琴、瑟、琵琶都要照其校准音弦才能演奏，其地位和重要性也就可想而知。

筚篥
参考自敦煌莫高窟一百五十四窟壁画

鼓

鼓是最早出现的乐器之一，先民们很早就学会了用敲击发声的方式表达自己的思想情感。唐代是鼓乐发展的黄金时期。此时的乐曲多半取自西域，风格大胆热烈，节奏丰富，正好适合鼓的发挥。唐代流行的鼓也几乎都来自西域，品类繁多。有担鼓、齐鼓、雷公鼓、答腊鼓、鸡娄鼓、大鼓等，最著名的是羯鼓和腰鼓。

羯鼓呈直上直下的筒形，放在地上用双手或两根短杖敲击。据说唐玄宗是敲这种鼓的名手，曾向李龟年夸耀自己练习时打断过三根鼓杖，并说它是"八音领袖，诸乐不可为比"。

腰鼓又称细腰鼓，中间收窄如沙漏细腰状。大的以烧陶为鼓身，小的以凿木为鼓身，蒙皮作鼓面，敲击两头作乐。在腰鼓的基础上又发展出相似的都昙鼓、毛员鼓等，造型优美，轻便灵巧。舞人常在胸前系鼓起舞，世称"鼓舞"。

箜篌

箜篌一名坎侯，又名十四弦、蜒螂琴、维那等。它实际上是来自不同地区的多种乐器的总称，若按形制来分，我们可以将唐代的箜篌粗粗分为发源自中国的卧箜篌和来自西域波斯的竖箜篌这两种。

卧箜篌在《旧唐书》记为："其形似瑟而小，七弦，用拨弹之。"是起源自汉代的一种平置演奏乐器，奏时一端置于膝上，一端落地，与琴瑟相似。

而更受唐人欢迎的则是从西域诸国传入的竖箜篌。它的形状犹如对半切开的木梳，有二十余弦相接，大型的有底座，可以放在地上演奏，小型的下方有一根插杆，以便奏者把它插在腰带上固定，用双手演奏。

在敦煌壁画中还有一种琴身最上端雕琢成凤首或鸟首的凤首箜篌，常出现在天人、菩萨手中。这种箜篌实际上并不存在，只是一种停留在画面上的乐器，一缕随佛教梵音传来的美妙想象。

箜篌
参考自敦煌莫高窟一百一十二窟壁画

方响

据《旧唐书》所载："方响，以铁为之，修八寸，广二寸，圆上方下。倚于架上以代钟磬。"一架用于宫廷乐舞表演的标准方响有十六枚大小相同但厚薄不一的铁质音片，仿照编磬式样次第排列悬挂，用小铁锤敲击演奏，为组曲点缀上少许清越之声。

铁质音片敲击时发出的声音比青铜磬更清脆持久，洪亮丰满，又比庄严肃穆的编钟轻便灵活，少了一份沉重的礼教气息。三者虽然同为金属打击乐器，但风格不一，搭配使用能增添乐曲的层次感。西凉乐中，方响作为代表性乐器，和编钟、编磬两种打击乐器一起使用。龟兹乐、燕乐、清商乐中也都使用方响，有时和钟磬配合，有时单独使用，起到装饰全曲、点明旋律的作用。

尺寸略小的方响在贵族、官员及文人阶层中十分流行，在敦煌壁画中可以看到竖式、双排、三排等不同形制的方响图案。

琵琶

　　琵琶是中国弹拨乐器当之无愧的王者。凡琴身呈半圆梨形，细颈，并有弦柱可供弹拨奏乐的乐器都可以称作琵琶。

　　琵琶在唐代由西域传入中原，许多弹奏琵琶的异国名手带着他们心爱的乐器不远万里来到大唐定居，以弹奏琵琶为业，父子祖孙代代相传。这些琵琶演奏家们互相切磋比试，以过人的技巧为傲。名手康昆仑曾与另一位琵琶大师段善本当街比试技艺，自叹不如后，拜段善本为师。唐人对琵琶的艺术追求可见一斑。

　　琵琶的应用范围极广，从宫廷祭祀所用的雅乐到宴会时用的十部乐，乃至民间歌舞、诗酒、聚会时，无不要以琵琶助兴。技艺高超的乐工甚至能抱琵琶起舞，敦煌壁画中便能看到许多边弹边跳的场景，譬如那幅最为著名的《反弹琵琶图》。琵琶奏出的是唐朝最风流的音乐。

◀ 琵琶
参考自敦煌莫高窟二百二十窟壁画

227

◀ **西域的回响**

众多西域乐器的传入使汉族传统音乐有了极大发展，比如羯鼓，玄宗也为其痴迷

◀ **东渡扶桑的紫檀琵琶**

唯一存世的五弦琵琶，日本奈良正仓院镇馆之宝，象征着大唐极高的工艺水平

阮咸

与琵琶系出同源，武周时极为流行，后成了一个独立的乐器品类

花型琵琶

曲颈圆身，共鸣箱边缘如花瓣般展开，体现了中原与西域文化的融合，在敦煌壁画上可以看到它的身影

曲颈四弦琵琶

由波斯传入我国，体型在众多琵琶类乐器中最为硕大。弹奏时演奏者将其横抱在怀中，一手按弦，一手执拨子拨动琴弦，是唐代最受欢迎的琵琶

舞蹈

有乐不可无舞。

唐代的音乐艺术很好地结合了器乐、声乐和舞乐三种形式，奏乐、演唱和舞蹈三位一体，构成一场完整的表演。

上承汉魏的中原乐舞以温婉柔美为特色。舞者穿长袖短衫，下配长裙，动作舒缓庄重。由西域各国传入的外来舞蹈和所配乐曲则恰恰相反，节奏欢快，情绪激昂，动作幅度大且有力，舞者穿裤或靴，跳起舞来旋转踢腾如风，流露着一股热烈奔放的活力。还有一些舞蹈经过改编，融两者的特色与魅力于一体。

舞蹈不仅是唐代典礼、宴会活动的重要组成部分，更是一项全民"运动"。以胡旋舞为例，天宝年间达官贵人无不以会跳胡旋舞为荣，白居易有诗云："天宝季年时欲变，臣妾人人学圜转。"杜甫还用文辞捕捉下了公孙大娘刚柔并济的身姿："来如雷霆收震怒，罢如江海凝清光。"酒酣处拔剑起舞也是文人士子的一项必备技能。

舞蹈同时也是唐代文化的一个亮丽侧影。诗人歌颂舞者曼妙的姿态、灵巧的动作，画家和雕刻家则不断试图将舞者的身影保留在绢、纸和石壁上。敦煌壁画中踏莲起舞的飞天，石刻中向同伴高高抛去长袖的舞者，都给观者留下了大唐之美最为直观的印象。

在唐人眼中，舞蹈之美似乎能够传达某种神秘的力量。飞天和罗汉们在敦煌壁画上举手抬足，旋舞飞转，用身体、舞蹈来表现宗教的壮美。岁末年初宫廷中演出傩舞，也是用舞蹈的形式驱赶疫鬼、送旧迎新，表达趋吉避凶的美好愿望。还有著名的《霓裳羽衣舞》，据说是玄宗夜游月宫时，暗记天仙的舞姿与曲谱带回宫中编纂而成，婆娑缥缈之美似非人间之物。舞蹈通过肢体动作和乐曲旋律的配合，给人以无限的精神享受。

玉树后庭花
参考自昭陵燕妃墓壁画

清商乐

清商乐又名清乐，源自汉代乐府清商三调，是唐乐中传承历史最久的篇章。隋灭南朝，从陈后主处得到了前代残存的乐谱，将其编入宫廷九部乐中，号清商乐。唐代又继承了隋朝的音乐体系，保留并发展了它。

清商乐历九朝而入唐，是中原文化的延伸，舞蹈当然也要继承其风格。唐代流行的清乐舞蹈有《白鸠》《白纻》《春江花月夜》《玉树后庭花》等三十二曲。舞人所穿服装多为轻薄的罗衣，长裙长袖，有时融入唐代上襦下裙的特色。动作舒缓柔和，用翻飞曼舞的长袖和柔软纤细的腰肢来表现乐曲的意境，诗人常用"长袖拂面""转袖若雪飞"来形容舞姿。与热烈奔放的胡舞相比，清乐舞蹈更富有含蓄典雅之美。

《兰陵王》

《兰陵王》全名《兰陵王入阵曲》，原是纪念北齐名将兼中国四大美男子之一——高长恭的舞蹈。传说高长恭容貌比女子更为秀美，因此在军中总是戴面具头盔示人。

这种舞起初由士兵们手持兵器、头戴头盔起舞，表现军队的威武雄壮。后期逐渐由刚猛转为优雅，舞人戴木刻假面，着紫衣金带，执鞭起舞。作为群舞，它可以归类为仪式典礼中必备的"武舞"；作为独舞，它又可以看作表现刚健气质的"健舞"。标志性的面具带有傩戏的特征，象征着驱疫辟邪的神秘力量，因此它又可以看成一种集勇武、刚健、驱邪于一体的仪式类舞蹈。

《兰陵王》在唐后逐渐失传，没有给我们留下多少资料，不过它曾随遣唐使船队远去日本，因此，今天在日本雅乐中还能看到依稀有唐时遗风的《兰陵王入阵曲》。

◄《兰陵王》
参考自甘肃省博物馆藏三彩天王俑

柘枝舞

柘枝舞

　　柘枝舞原出西域石国怛罗斯，即今哈萨克斯坦一带。舞蹈节奏轻快奔放，舞人身穿绣花胡服，头戴卷檐胡帽，帽上有珍珠、金铃为饰，后拖飘带，足踏红锦软靴，完全是一副异域来客的装扮。

　　柘枝表演时全程用鼓伴奏。舞人随着鼓点甩起长袖，双足在锦毯上踩着繁复轻快的舞步，带动帽上金铃发出清脆的声音。这种舞还特别注重表现舞人腰身的纤细柔韧，有大量勾足拧腰回首、下蹲转腰随着节奏画圈、下腰几乎触地如拱桥等高难度动作。舞蹈末尾节奏最快，铃响袖舞如旋风骤雨，美不胜收。

　　柘枝舞在唐代流传广，影响大。表演柘枝舞需要专门的技巧，学习表演柘枝舞的舞人，被称作"柘枝伎"，有时独舞，有时双人对舞。从柘枝中还衍生出一种风格更为柔美的软舞"屈柘枝"。

剑器舞

　　"昔有佳人公孙氏，一舞剑器动四方。"剑器舞也是唐代家喻户晓，人人争看的著名乐舞。诗中所写公孙氏，即公孙大娘，曾在唐玄宗面前献舞，号称舞伎中第一人。公孙氏跳剑器舞时效法男性武士，穿锦缎制成的华丽戎装，手持利剑，腾挪突刺，既是舞蹈也是武术，令人目不暇接。杜甫曾赋诗称赞，草圣张旭便是从公孙氏剑器舞的挥洒轨迹中悟出了草书的真谛。

◀ 剑器舞

绿腰舞

　　绿腰一名"六幺"，是传承自荆楚之地楚舞的中国传统舞蹈，在唐代广为流传。舞者遵循中原传统舞蹈飘逸之美的原则，身穿长袖长裙，发髻挽成鬟髻。舞蹈大部分时间"手袖为容，踏足为节"，慢踏轻舞，以手部长袖飘逸的动态带动身体，有许多舞袖、舞腰的动作。全程轻盈又富有变化，如游龙一般曲折多变，令人捉摸不定。收尾之际，乐声突然转缓为急，舞人也和着节拍抛袖顿足，如惊鸿，如瀑布，给人目不暇接之感。

　　绿腰舞是唐代极具代表性的软舞，可惜没有留下太多具体描述其舞步或装束的资料。晚唐五代《韩熙载夜宴图》中有舞伎王屋山为宾客跳绿腰舞的场景，她身穿窄袖长衫，衣袖过手，正要踏步摆手起舞，足见绿腰在晚唐仍然被人们所喜爱。

凉州舞

凉州舞原出龟兹，列为唐代十部乐之一。据《旧唐书》所记，凉州舞有独舞和四人方阵的群舞两种形式。舞人头顶高髻，穿紫色布衣，下穿阔大的裙袴，两袖长而五彩，足蹬乌皮靴，壁画中还能看到头系长巾的例子，一身西域与中原交融的装束。舞人一边摆腰踏步，一边甩袖起舞，头、身、膝弯曲成一条优美的S形曲线。横向又有五色长袖与帛带随身姿飘转，更添飘逸灵秀之美。

唐代诗人张祜曾写道："揭手便拈金碗舞，上皇惊笑勃拏儿。"可见凉州舞中也有用道具，手部动作反复快速，其精彩多变令上皇"惊"且"笑"。

凉州舞
参考自敦煌莫高窟一百五十六窟
《张议潮统军出行图》

237

胡旋舞

参考自宁夏回族自治区博物馆藏胡旋舞石刻墓门

胡旋舞

这是唐代最为著名的舞蹈之一。胡旋两字言简意赅地点明了它的来源和特征，即一种来自"胡地"，以"旋转"为主要技巧的舞蹈。

开元年间，西域康国向大唐进献善舞胡旋的舞女。她们能在圆形小花毯上和着音乐鼓点高举双手，迅疾如风般左旋右转，双足踢踏，始终不离圆毯之上。这种新奇美妙的舞蹈立刻从大唐宫廷一直风靡到市井间巷，一时之间人人争学胡旋舞，其中不乏出身高贵的王公大臣。胡人跳，唐人也跳；女子跳，男子也跳。据说安禄山就是胡旋舞的名手，虽然身材臃肿，但旋舞起来灵活敏捷。

舞人通常身穿短打胡服、长裤与皮靴，身缠巾帛以增加旋转时飘逸之美。唐人学跳胡旋，则通常穿短袄长裤配短舞裙，一样披帛持巾，旋转如风。

胡腾舞

胡腾又名浑脱，来自西域石国，与胡旋舞、柘枝舞并称唐代三大乐舞。

与胡旋舞不同，唐诗中描写的胡腾舞人都是男性，比胡旋舞更为飒爽刚健、奔放激烈。舞人身穿窄袖胡服，腰系束带，头戴尖尖的胡帽，足踏皮靴，一般站在花毯上踢踏腾舞。此舞重视脚步动作的敏捷与节拍，用横笛、琵琶、筚篥、钹、筚篥、腰鼓等西域乐器伴奏。文物图像中可以看到，有的胡腾舞者一足直立，一足弯曲后踢，拧胯发力，回身向后甩手，非常考验身体的控制力；还有的下蹲后双足交替前踢，作"蹲舞"的动作；又有双手叠在背后下腰，弯曲如弯月的舞姿。舞者要在脚下一方圆形小花毯上腾飞起落，又腰拧身，绕垫急行，和今天中国新疆及中西亚地区的民族舞蹈颇为相似。

跳到最高潮，舞者端起一碗葡萄美酒大口痛饮，随即丢下酒碗，趁醉踢腾脚步迅疾如骤雨，足下花毯毛絮飞扬如雪片，鼓点铃声一一应和，痛快淋漓莫过于此。

◀ 胡腾舞

239

百戏

歌舞戏即后世戏剧的雏形，用歌舞、台词、动作等表演带有情节的故事。伶人分角色扮装上场，互相调笑逗乐，以滑稽的演出为观众带来笑声。傀儡戏、参军戏等剧种不一而足，多种多样。

歌舞戏之所以受唐人喜爱，是因为它贴近生活，通俗有趣。歌舞戏灵活多变，能不断汲取小说话本、传奇志怪，乃至寺院俗讲中的内容来充实自身。这些"庶民文学"渗透到歌舞戏中，成了它的骨架，而歌舞戏的唱、白、演技、动作、音乐伴奏则使故事表现得更为丰富细腻，成了它的皮肉，开宋元杂剧之先声。

歌舞戏不仅扩大了传统文艺的受众和表现形式，也为市井百姓带来了异域文明的冲击。许多胡乐胡风也借由歌舞戏从宫廷、都城走向城乡街陌，如《钵头》《弄婆罗门》等，就是吸收了西域文化之后创作出的新鲜剧目。

傀儡戏

傀儡戏又名窟儡子、魁儡子，就是今天的木偶戏。唐人用木刻成人形，描画眉目，给它穿上绢罗制作的衣饰，演员隐在幕后，拉绳牵动木偶四肢做出各种动作，乃至和着音乐起舞。傀儡戏善于发掘日常生活中的滑稽笑料，或讽刺或嘲笑，剧情短而生动，剧本随编随新，言辞诙谐亲近，对百姓有着非同一般的吸引力。

◀ 傀儡多机巧
参考自吐鲁番阿斯塔纳墓出土彩绘披帛女舞俑

241

参军戏

参考自中国国家博物馆藏绿釉陶参军戏俑、郑州大象陶瓷博物馆藏参军戏俑

参军戏

参军戏又叫弄参军、弄假官。一人扮演官吏或参军，一人扮演穿破衣的苍鹘。参军代表贪财枉法的官吏，苍鹘则是位低却不畏强权的小人物。苍鹘通过幽默辛辣的对白讽刺捉弄参军，揭露他贪婪狠毒的一面。将滑稽与讽刺相结合，既能给人带来轻松一笑，又能起到劝人向善、匡扶正义、讽谏警醒的作用。

《踏摇娘》

　　《踏摇娘》表现的主要是家庭矛盾。一人扮演嗜酒如命的丈夫，一人扮演其妻。妻先上场，唱出对丈夫的不满，向观者诉苦。随后丈夫上场，与妻拉扯相打，作殴斗之状，动作夸张，引人发笑。这部戏出自北齐，原本只有男性出演，一人着男装扮演丈夫，另一人着女装扮演妻子。到了唐代，女性也登上了歌舞戏的舞台，表演形式进一步变化，甚至被宫中教坊吸纳，从街巷走向了宫廷舞台。

◀ 《踏摇娘》

243

杂技

杂技·幻术

唐代盛行的杂技有两个流派。一派源自汉魏，有驯兽、踏索、缘竿、跳丸、掷倒、大力等，是朝廷重大活动时必备的表演活动，属立部伎管辖。另一派是从国外传入的奇技。今天的印度当时被称为天竺或婆罗门国，曾数次向大唐献杂技艺人，能倒立、踩躺刀板、抛接利刃、剖腹截舌、表演柔术等，神秘又充满刺激的表演吸引了唐人的注意。

踏索是指艺人踩着绷紧的悬空绳索来回走动，加上叠罗汉、翻筋斗等高难度技巧的表演，彩绳"横亘百尺，高悬数丈"，表演者不仅"窈窕相过，翩跹却步"，还能踩着五六尺高的高跷走绳，在下方围观的人群随着演员的惊险表演发出阵阵喝彩。

缘竿是指艺人举起长长的竹竿，或抛或顶，长达百尺的竹竿始终屹立不倒，还能让其他艺人顺竿爬上，在空中做出各种动作，最多时能同时举起二十八人。

跳丸是抛掷类的杂技，表演者手中拿着若干个圆球连续抛接，球在空中如流星圆环，循环往复，不落地面，和现在的杂技抛接十分相似。如果把球换成短剑，或者球剑同抛，危险系数和精彩程度就会更上一层。

除了杂技，还有同样精彩的幻术表演。唐代大朝会中有大型幻术表演，"激水满衢，鼋鼍龟鳖，水人虫鱼，遍覆于地"。表演到高潮时，庭院中还会出现喷水的鲸鱼、长达七八丈的黄龙、巨兽背负仙山等场景，是利用道具、灯光、魔术等互相配合形成的综合性演出。

来自西域的幻术师风格较为激进，会在观众面前用刀剑刺腹切舌，喷水念咒之后又恢复如初，被唐高宗以过于残忍为由，禁止表演。还有的用空瓦罐现场盛土种瓜，在众目睽睽下让瓜子发芽生蔓，开花结果，围观之人数以千计，可见神奇的幻术表演对民众有多么巨大的吸引力。

诗歌与乐舞

唐诗无疑是中国文学的一颗明珠。

诗歌，顾名思义，是诗也是歌。它有工整划一的韵脚，格式严谨，朗朗上口，非常适合配乐演唱。

最初，宫廷乐工搜集民间乐曲，并选取名诗人的词句替换原本直白俚俗的歌词在宴会中演唱。很快，诗人开始主动与乐工合作，希望借由乐工歌伎，让自己的作品响遍九州。有时诗人与乐工还会奉命合作，比如诗仙李白脍炙人口的《清平调词三首》便是这样写出的。

据《全唐诗》题注所载，玄宗与贵妃正在赏花奏乐，嫌旧曲不足以表此情此景，特召李白入宫新作乐章。李白宿醉未解，带着酒意在金花笺上疾笔挥毫，写成《清平调词三首》，当时最好的乐工李龟年即席依诗而歌，"云想衣裳花想容，春风拂槛露华浓"。像这样专为配曲而写的诗还有很多，可以说唐代的文学和音乐是相辅相成、互相影响的。

太白醉吟清平乐
参考自日本奈良正仓院藏漆胡瓶

会向瑶台月下逢

踏歌

诗歌与音乐不是贵族的特权，唐代的劳动人民在农闲时往往"踏歌"自娱。他们呼朋唤友，群聚于田间地头举手踏足，边舞边唱，借此洗去劳作的疲惫，跳至月上青天方才散去归家。劳动人民的歌舞质朴且动人，大唐的每一处村庄、城镇都充溢着诗歌与乐曲，这真是催生诗乐文化的沃土。

参考文献

[1] 王仁裕，姚汝能. 开元天宝遗事[M]. 北京：中华书局，2006.

[2] 崔令钦，唐德裕，郑綮，等. 教坊记 [M]. 北京：中华书局，2012.

[3] 段成式. 酉阳杂俎[M]. 北京：中华书局，2017.

[4] 玄奘，辩机. 大唐西域记[M]. 北京：中华书局，2014.

[5] 徐连达. 唐朝文化史[M]. 上海：复旦大学出版社，2003.

[6] 吴玉贵. 中国风俗通史：隋唐五代卷[M]. 上海：上海文艺出版社，2001.

[7] 韩养民，李志慧，郭兴文，等. 中国民俗史：隋唐卷[M]. 北京：人民出版社，2008.

[8] 余为洁. 中国食料史[M]. 上海：上海古籍出版社，2011.

[9] 王赛时. 唐代饮食[M]. 济南：齐鲁书社，2003.

[10] 卢勋，萧之兴，祝启源. 中国历代民族史：隋唐民族史[M]. 北京：社会科学文献出版社，2007.

[11] 陆威仪. 世界性的帝国：唐朝[M]. 北京：中信出版社，2016.

[12] 傅芸子. 正仓院考古记[M]. 上海：上海书画出版社，2014.

[13] 徐光冀，汤池，秦大树，等. 中国出土壁画全集[M]. 北京：科学出版社，2012.

[14] 薛爱华. 撒马尔罕的金桃：唐代舶来品研究[M]. 吴玉贵，译. 北京：社会科学文献出版社，2014.

[15] 沈从文. 中国古代服饰研究[M]. 上海：上海书店出版社，2005.

[16] 周锡保. 中国古代服饰史[M]. 北京：中央编译出版社，2011.

[17] 陕西历史博物馆. 北京大学考古文博学院. 北京大学震旦古代文明研究中心. 花舞大唐春：何家村遗宝精粹[M]. 北京：文物出版社，2003.

[18] 黄山书画社. 昆仑之西：平山郁夫藏丝路文物精粹[M]. 上海：上海书画出版社，2019.

[19] 师永涛. 唐人时代：一部富有烟火气息的唐代生活史[M]. 北京：中央编译出版社，2019.

[20] 张丽民. 中国古典舞音乐研究[M]. 北京：人民邮电出版社，2017.

[21] 孙剑. 唐代乐舞[M]. 西安：太白文艺出版社，2018.

[22] 敦煌研究院. 中国石窟艺术系列[M]. 江苏：江苏凤凰美术出版社，2015.

[23] 侯幼斌，李婉贞. 中国古代建筑历史图说[M]. 北京：中国建筑工业出版社，2002.

[24] 左丘萌，末春. 中国装束：大唐女儿行[M]. 北京：清华大学出版社，2020.

[25] 周维权. 中国古典园林史[M]. 北京：清华大学出版社，2008.

[26] 王贵祥. 消逝的辉煌：部分见于史料记载的中国古代建筑复原研究[M]. 北京：清华大学出版社，2017.

[27] 贺从容. 古都西安[M]. 北京：清华大学出版社，2012.

[28] 王贵祥. 古都洛阳[M]. 北京：清华大学出版社，2012.

[29] 傅熹年. 古建腾辉：傅熹年建筑画选[M]. 北京：中国建筑工业出版社，1998.

[30] 魏泓. 丝绸之路：十二种唐朝人生[M]. 王姝婧，莫嘉靖，译. 成都：四川人民出版社，2020.

[31] 赖永海，王月清. 中国佛教艺术史[M].南京：南京大学出版社，2017.

[32] 新疆龟兹石窟研究所. 中国新疆壁画：龟兹[M]. 乌鲁木齐：新疆美术摄影出版社，2008.

[33] 德赫贾. 印度艺术[M]. 长沙：湖南美术出版社，2019.

[34] 康马泰，葛勒耐，乐仲迪，等. 丝路译丛[M]. 南宁：漓江出版社，2016.

[35] 洛齐，毛铭，徐文堪，等. 丝路艺术[M].南宁：漓江出版社，2017.

[36] 东野治之. 正仓院：宝物与交流[M]. 龚婷，译. 北京：社会科学文献出版社，2022.

后记（一）

本书的缘起十分偶然，但或许也是冥冥注定。在早年接触的很多历史、文学和传统美术作品中，我对唐代题材最有感触。它们天真烂漫，华丽中不失一丝稚拙。以此作为起点，我陆续关注了很多发散的知识圈，这个王朝的形象在我心中逐渐丰满起来，我因而创作了很多唐代题材的系列美术作品。

我在美术之路上自我摸索多年，吸收了很多不同的技法和理论，但我依稀记得，当初给我灵魂震撼最大的，是NHK纪录片《莫高窟美的全貌》中对五十七窟左侧那尊初唐胁侍菩萨的特写。她从黑暗中慢慢显现，斑驳的贴金赋予她富丽的光泽，岁月不改她娴雅的面容，伴随着的是竖琴和笛泉水般的乐声。她代表大唐的、中国的、东方的美，深深烙印在了我的心中。

再后来，在薛爱华教授、魏泓教授等人的著作中，我意识到唐是一个非常适合用全球史观来看待的王朝。带着这样的眼光看待同时期其他文明的历史文物，会产生一种将世界串联起来的感觉：希腊的来通杯出现在何家村遗宝中，波斯的连珠纹是唐代最流行的纹样之一，而玄奘西行求学印度，遣唐使带走的五弦琵琶至今陈列于正仓院，这种不同文化交融的状态令我心潮澎湃。

在创作时，我们尽可能查找了许多国内外的第一、第二手资料，也参考了很多民间爱好者们的想法，在此，我对他们提供的无私帮助表示感激。书中部分人像采用了友人们提供的个人形象照作为蓝本，活生生的人为我带来了许多创作灵感，也使我更好地代入其中，仿佛自己就是长安市井的一名画师，正在为红尘过路人绘下一幅幅肖像。

我试图从人的五感（色、声、香、味、触）出发来描绘心中的大唐，唐，除了有着炫目的色彩，也一定是乐声缭绕、气味纷杂的。但我们依旧无法还原它的全貌。它实在太复杂、太扑朔迷离了，需要用想象来填补这些空白。但正因为这样，它才显得更加动人。

今人的画作和文字在它面前是苍白的，我和郑墨仅揭开了它神秘的一角。我们希望能够吸引更多人来关注、研究和发扬大唐的文化。感谢所有支持我的朋友，你们的鼓励于我非常重要，感谢我的合作者郑墨小姐孜孜不倦地翻查资料、书写文本，以及本书责任编辑一琳，感谢你们日夜地付出，才成就了这本《绘长安：大唐生活志》。

陆曼陀

2023年5月

后记（二）

草长莺飞，时气渐暖，在这个夏日即将再次来临的日子，我满怀着激动与不舍敲下了《绘长安：大唐生活志》的句号。

在中国历史文化这一取之不尽用之不竭的宝库之中，大唐的地位尤为特殊。它是如此繁荣，如此开放，如此绚丽多彩又恢宏大气。它也是文化融合的交汇点，丝绸之路上驼铃声声，玄奘取经之路上足迹漫漫，胡商与使臣带来了大量异域文化，被大唐如数吸收，并与本土文化结合，迸发出全新的光辉。它将中国文化最为美好的部分展示给了整个世界，也为每一位中华民族的子孙塑造了坚定且自信的内核。

文化的本质是生活，生活的本质是人。我在典籍、壁画、文物中寻找唐人生活的痕迹，他们的衣食住行，所思所想，日间百态诉说着大唐的辉煌，是一部活生生的、充满烟火气的历史。《绘长安：大唐生活志》分盛世、装束、珍馐、闲居、游乐、节庆、乐舞七大版块，分别摘选了唐人生活中的某一个侧面进行介绍，力图呈现一幅立体且完整的唐代生活画卷，把唐人的生活美学带给每一位读者。

大唐这两个字背后所蕴含的是一座无法穷尽的宝山，想要用有限的精力和篇幅去完整地诠释它无疑是一种奢望。然而拾级而上的过程给我一种重新与民族文化内核链接的感受，使我欲罢不能，徜徉于山间不忍回还。我不禁惊叹，有多少我们习以为常的饮食习惯、民俗活动的种子在大唐发芽，有多少我们引以为傲的物质文化遗产来自大唐。

执笔本书是一段难忘的经历。我像是一个渴极的旅人，在大唐的文明长河边捧起一掬清水解渴，然后继续沿着长河跋涉，不断向前。希望这本书能成为一处路标，一盏小小的路灯，让更多的人加入寻踪大唐的旅程。

郑墨

2023年5月

金银茶具组
法门寺博物馆藏

枫叶纹描金蓝琉璃盘
法门寺博物馆藏

越窑青瓷凤首执壶

《观无量寿经》
榆林窟二十五窟壁画

镶金兽首玛瑙来通杯
陕西历史博物馆藏

敦煌莫高窟四十五窟
《都督府人礼佛图》局部

李倕冠
陕西考古博物馆藏

螺钿紫檀五弦琵琶
日本奈良正仓院藏

晚唐

756—840 年

盛唐

841—907 年

中唐

713—755 年

白釉绿彩狮柄龙口执壶
新加坡亚洲文明博物馆藏

舍利宝函
法门寺博物馆藏

论语玉烛银筹筒
镇江博物馆藏

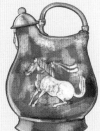

舞马衔杯鎏金银壶
陕西历史博物馆藏

镂空缠枝纹银香囊
陕西历史博物馆藏

八棱人物浮雕金杯
陕西历史博物馆藏

女立俑
西安博物院藏

葵花形金银平脱雀
鸟花卉祥云纹镜
浙江博物馆藏

绢花
吐鲁番阿斯塔纳墓出土

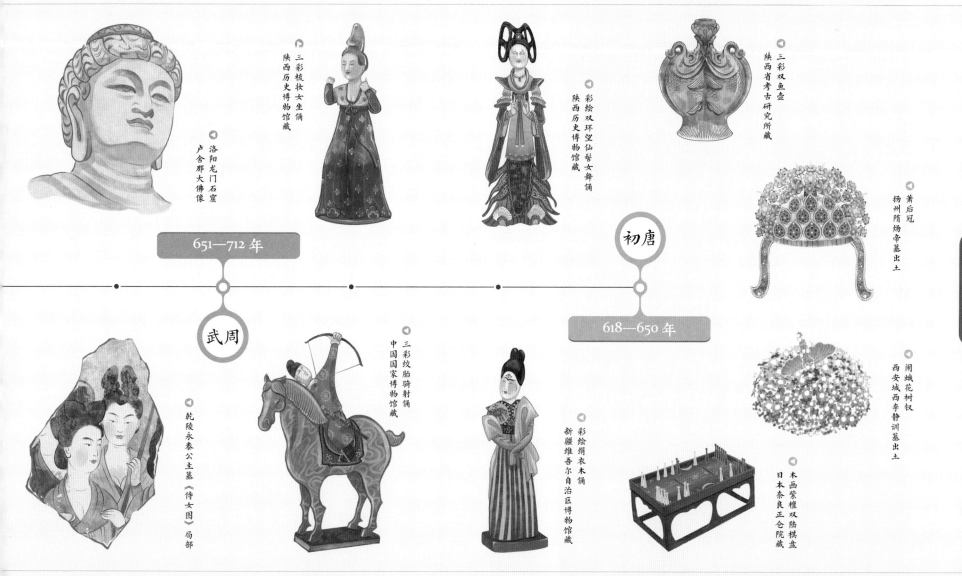

三彩梳妆女坐俑
陕西历史博物馆藏

洛阳龙门石窟
卢舍那大佛像

彩绘双环望仙髻女舞俑
陕西历史博物馆藏

三彩双鱼壶
陕西省考古研究所藏

萧后冠
扬州隋炀帝墓出土

651—712 年

初唐

武周

618—650 年

三彩绞胎骑射俑
中国国家博物馆藏

乾陵永泰公主墓《侍女图》局部

彩绘绢衣木俑
新疆维吾尔自治区博物馆藏

闹蛾花树钗
西安城西李静训墓出土

木画紫檀双陆棋盘
日本奈良正仓院藏

文物量史